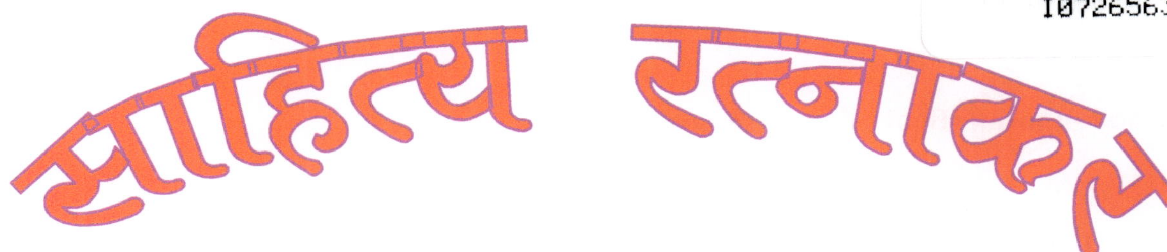

साहित्य रत्नाकर

प्रो. रत्नाकर नराले द्वारा भारतीय भाषा, कला, संगीत एवं संस्कृति प्रसार का संक्षिप्त दिग्दर्शन

संकलन

पुस्तक भारती

Pustak Bharati
Toronto, Canada

Editor :
Pustak Bharati (Books-India) Toronto, Canada

Book Title :
साहित्य रत्नाकर

यह साहित्य सागर प्रवासी साहित्यकार प्रो. रत्नाकर नराले द्वारा भारतीय भाषा, कला, संगीत एवं संस्कृति प्रसार के क्षेत्र में किए गए प्रयासों का एक संक्षिप्त दिग्दर्शन है.

Published by :
Pustak Bharati (Books India)
Toronto, Ontario, Canada, M2R 3E4
web : www.pustak-bharati-canada.com
email : pustak.bharati.canada@gmail.com

Sales & Marketing :
Pustak Bharati (Books-India)

ISBN 978-1-989416-57-0

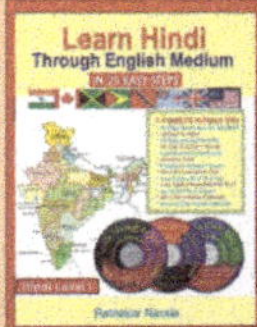

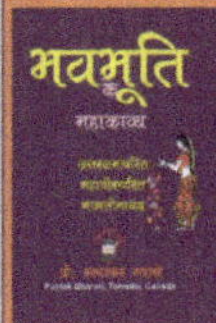

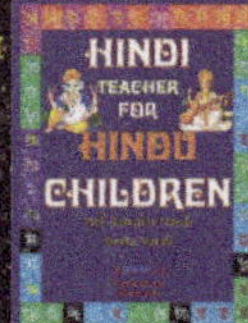

साहित्य रत्नाकर

प्रो. रत्नाकर नराले द्वारा भारतीय भाषा, कला संगीत एवं संस्कृति प्रसार का संक्षिप्त दिग्दर्शन

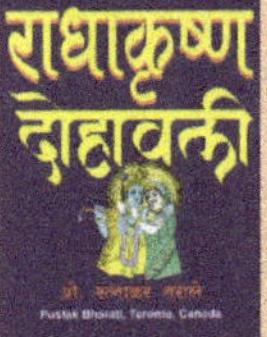

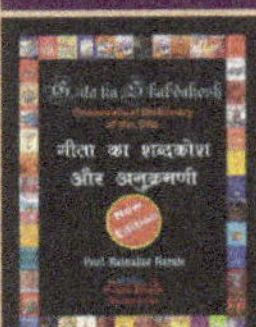

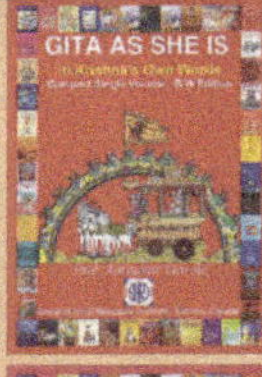

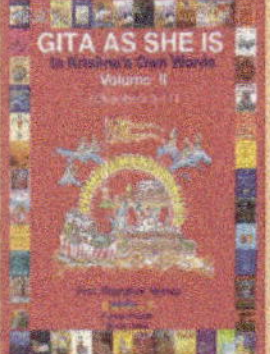

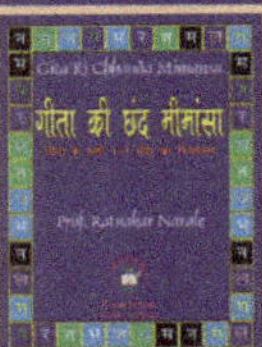

संकलन

पुस्तक भारती

Pustak Bharati
Toronto, Canada

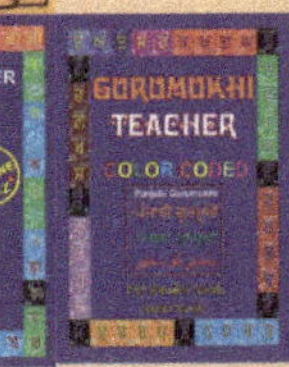

वदेत् संस्कृतं मुखे मुखे * वसेत् संस्कृतं गृहे गृहे
PUSTAK BHARATI

प्रवासी साहित्यकार परिचय

नाम : डॉ. रत्नाकर नराले
प्रो. हिन्दी, रायर्सन विश्वविद्यालय, टोरंटो कनाडा
52 वर्ष से कनाडा से भारतीय संस्कृति का प्रसार

शैक्षणिक : एम.एस्-सी. पुणे विश्वविद्यालय,
पीएच.डी. आई. आई. टी. खड़गपुर
पीएच.डी. कालीदास संस्कृत विश्वविद्यालय, नागपुर

औद्योगिक : प्रो. हिन्दी, रायर्सन विश्वविद्यालय, टोरंटो कनाडा
पूर्ववर्ती प्रो. हिन्दी, यार्क विश्वविद्यालय, टोरंटो कनाडा
पूर्ववर्ती प्रो. हिन्दी, टोरंटो विश्वविद्यालय, टोरंटो कनाडा
अध्यापक हिन्दी, टोरंटो स्कूलबार्ड, टोरंटो कनाडा
अध्यापक संस्कृत, टोरंटो स्कूलबार्ड, टोरंटो कनाडा
अध्यक्ष, संस्कृत हिन्दी रिसर्च इन्स्टिट्यूट, टोरंटो, कनाडा
अध्यक्ष, पुस्तक भारती, टोरंटो, कनाडा
प्रधानानार्य, हिंदु इन्स्टिट्यूट, टोरंटो, कनाडा 1995 से
प्रमुख संपादक, पुस्तक भारती रिसर्च जर्नल, त्रैमासिक, टोरंटो, कनाडा
मुख्य संपादक, साहित्य सौरभ त्रैमासिक, टोरंटो, कनाडा

मुख्य पुरस्कार:
"विश्व हिंदी सम्मान" भारतीय विदेश मंत्रालय मारीशस, 2018
"सरस्वती सम्मान" हिंदी राइटर्स गिल्ड, टोरंटो. कनाडा, 2018
"कला वारिधि सम्मान" अखिल विश्व हिंदी समिति, टोरंटो. कनाडा, 2018
"हिन्दू रत्न" पुरस्कार, कनाडा के 150वी-जयंती महोत्सव पर, 2017
"Artist of the Year Award" Panwar Productions, टोरंटो, कनाडा, 201 6
"संगीताचार्य सम्मान" कनेडियन हिंदू मिशन सेंटर, स्कारबरो, कनाडा, 2021
"Author, Linguist and Accomplished Scholar Award" HIL, कनाडा, 2010

रुची : काव्य, प्रकाशन, संगीत, चित्रकला

भाषाएँ : हिन्दी, संस्कृत, मराठी, बंगाली, पंजाबी, तमिल, उर्दू, अंग्रेज़ी, फ्रेंच

Email : rnarale@yahoo.ca

During the long course of Prof. Narale's 52 years of steady efforts from Canada to spread Hindi, Sanskrit, Music and Bharatiya Sanskriti in the world, the volume precious and magnificent literature he has produced makes one believe that -- probably no one individual outside India or even in India has written such massive research oriented literature, journalism, educational resources, Indian language fonts, etc. In order to prove this assertion, here is a short presentation of some of his books. Hope it enlightens you and you will enjoy looking it page by page.

Dr. Narale has knowledge of nine languages and has written award winning books on Vedas, Puranas, Gita, Ramayana, Yoga, Kalidas, Bhavabhiti, Indian History and its Great Heroes, Poetry, Lyric, Grammar, Prosody and Music. For the depth of knowledge, unique Methodology and quality of presentation, his books are popular and are sold around the world in many countries.

अनुक्रम

भूमिका

कनाडा में रहते हुए गत 52 वर्षों से हिन्दी भाषा एवं साहित्य के विश्व स्तर पर प्रचार-प्रसार का कार्य करने में समर्पित हैं - प्रवासी भारतीय हिंदी साहित्यकार डॉ. रत्नाकर नराले. आप अंग्रेज़ी भाषा व पाश्चात्य संस्कृति के विश्वव्यापी प्रसार को टक्कर देकर कनाडा से हिन्दी का विश्व में प्रभावी लेखन-प्रकाशन व प्रचार-विस्तार करने वाले कर्मठ कार्यकर्ता हैं.

कहते है न, लोहे को लोहा ही काटता है, तो उसी तत्त्व के आधार पर अंग्रेज़ी भाषा के विश्वव्यापी प्रचंड विस्तार का ही लाभ उठा कर, अंग्रेज़ी को ही माध्यम बना कर, उसी का सामना करके, उसीसे लोहा लेने के लिये, इस महाभाग ने गत अर्ध शतक से अधिक काल से कनाडा में रह कर अखिल विश्व में हिन्दी के फलदायी बीज बो कर हजारों अंग्रेज़ी बोलने वाले अहिंदी शिशुओं को और हजारों-हजारों अंग्रेज़ी बुजुर्ग नर-नारियों को हिंदीभाषी बना कर भारतप्रेमी बना दिया है. साथ-साथ ही भारतीय एवं विदेशी हिन्दीभाषी बाल-वयस्क लोगों को स्वयं रचित हिंदी काव्य-संगीत सरिता से और हिंदी प्रशिक्षण की संशोधन परक पुस्तकों के लेखन-प्रकाशन-वितरण कार्य द्वारा लंबे अवधि से हिंदी-संचयन शृंखला में जोड़ते आरहे है.

आप एक हाथ से हिन्दी माध्यम से स्वलिखित हिन्दी वाङ्मय साहित्य से ज्ञान-विज्ञान का आदान-प्रदान करके हिन्दी जानने वालों के हित का सत्कार्य कर रहे हैं और दूसरे हाथ से विदेशों में निवासी प्रवासी-भारतीय और मारीशस, ट्रिनीडाड, टोबैगो, गुयाना, सुरीनाम, फिजी आदि के भारतीय मूल के मगर अंग्रेज़ी-भाषी डायस्पोरा लोगों को उन्हीं की वोलचाल की अंग्रेज़ी भाषा में हिन्दी के लेखन-पठन-संभाषण की शिक्षा देकर उनका हिन्दी के प्रति प्रेम बढ़ा रहे हैं, उन भद्रजनों को अन्य जगत से हिन्दीविश्व में संम्मिलित कर रहे हैं, उनका संपरिवर्तन करके उन्हें हिन्दी समाज में ला रहे हैं, उनकी आगे वाली पीढ़ियाँ हिन्दी भाषी बना रहे हैं और हर दृष्टिकोण से हिन्दी का पुण्यप्रद प्रचार-विकास-प्रसार कर रहे हैं. उनके इस प्रचार-प्रसार के मंगल कार्य के पीछे यही आस्था है कि हिन्दी न जानने वालों में हिन्दी और भारतीय सेंस्कृति के के बीज बोना पुण्य का उत्कृष्ट काम है. उन बीजों से हिन्दी का विकास चक्रगति से निरंतर बढ़ता रहता है.

अतः रत्नाकर नराले का योगदान है - हिन्दी न जानने वालों में कक्षाओं, पुस्तकों, लेखों, ई-बुक, ई-पत्रिका, इंटरनेट ऑन-लाइन-लेसन, रिसर्च जर्नल आदि सेवाओं के द्वारा हिन्दी व भारतीय संस्कृति के बीज बो-बो कर भारतीय-अभारतीय हिन्दी प्रेमियों को हिन्दी के साथ-साथ भारतीय संस्कार, शास्त्र, ज्ञान, कलाएँ सिखाना, जागृत करना और विश्व को चिरस्थायी लाभ प्रदान करना. इस ध्येय से लगभग गत 30 साल से वे हिंदी लिखना-पढ़ना-बोलना सिखाना, काव्य-छंद-राग का ज्ञान उपलब्ध करना, संस्कृत-संस्कार-संस्कृति-संगीत-शास्त्र प्रसारित करना, गीता-रामायण पुराण इतिहासादि सांस्कृतिक विशयों पर वाङ्मय लिख कर संशोधन युक्त उत्तमोत्तम पुस्तकें प्रकाशित करना और भारतीय समाज के लिये अक्षय, अक्षर, अमर, अविनाशी दिव्य कर्म प्रदान कर रहे हैं.

डॉ. रत्नाकर नराले ने कनाडा के टोरंटो महानगर में, 1970 में एक गैर-सरकारी हिंदी पाठशाला आरंभ की और विदेशों में निवासी प्रवासी-भारतीय और भारतीय मूल के अंग्रेज़ी-भाषी डायस्पोरा लोगों में हिन्दी व भारतीय संस्कृति प्रसारित करने का प्रथम बीज बो कर अभियान का बीड़ा उठा लिया. उन दिनों में कंप्यूटर अस्तित्व में न होने के कारण हस्तलिखित या अंग्रेज़ी टाईप राइटर पर टंकलिखित रोमन-अंग्रेज़ी माध्यम में शैक्षणिक सामग्री साइक्लोस्टाइल या ब्लूप्रिंट माध्यम से ही बना कर हिन्दी व संस्कृत की कक्षाएँ चलाई. फिर झेराक्स तंत्र आगया और यह गति उन्नत हो गई. फिर भी, टाईप-राइटर ही एकमेव लेखन साधन उपलब्ध होने के कारण काम सीमित और असंतोष जनक होता था, मगर कोई पर्याय नहीं था.

धीरे धीरे आई.बी.एम. के कंप्यूटर्स, डेटा-प्रासेसिंग और सी.डी. रॉम उपलब्ध हुई और संस्था की कार्यक्षमता को सीमा न रही. उन्हों ने अगस्त 15, 1991 से हिन्दी डेटा-प्रॉसेसिंग व हिंदी शीक्षा वाले पर्सनल कंप्यूटर्स बनाना शुरू कर दिया. हिन्दी के सुंदर देवनागरी फॉण्ट और अनुपम चार्ट बना कर काम को प्रभावशाली एवं प्रेक्षणीय कर दिया और हिन्दी के साथ संस्कृत का प्रचार तेज़ कर दिया. उनके अभिकल्पित फोनेटिकली कलर-कोडेड चार्टस् प्राथमिक छात्रों के लिए अमूल्य देन बन गए. कई क्रियाशील संस्थाओं ने इन चार्टस् के बड़े बड़े पोस्टर बनवा कर हिंदी तथा संस्कृत के प्रारंभिक विद्यार्थियों के लिए कक्षाओं में लगा दिए और उनका लाभ उठाने लगे. फिर रत्नाकर नराले की हिंदी संभाषण की सी.ड़ी. निकली जिसने जागतिक हिंदी शिक्षा विभाग में चार चाँद लगा दिये.

रत्नाकर नराले द्वारा बनाए हुए "सरस्वती" और "रत्नाकर" नामक देवनागरी फॉण्टस् इतने सुंदर और आसान थे कि कनाडा के कई मिडिया संस्थाएँ व लेखक इन्हीं उत्कृष्ट फॉण्टस् का प्रयोग करने लगे. परिणामतः, पद्मभूषण डॉ. मोटूरी सत्यनारायण परस्कार के सर्वप्रथम निजेता प्रो. हरिशंकर आदेश की संगीत पस्तकों के लिए आदेश फॉण्ट, हिंदी टाइम्स मीडिया के लिए राकेश फॉण्ट, हिंदी एब्राड के लिए गणेश फॉण्ट, हिंदी चेतना के लिए एसटी फॉण्ट, हिंदू इंस्टीट्यूट के लिए शारदा फॉण्ट, पं. रूडी के लिए कनाडा फॉण्ट, साज-ओ-आवाज अकादमी के लिए संगीत फॉण्ट, नील फॉण्ट, सुनील फॉण्ट, आदि बना कर कई संस्थाओं को संस्कृति प्रसार की विशेष सेवाएँ प्रदान की.

ये फॉण्टस् सर्वश्रेष्ठ होने का कारण था, बनाते समय यह पूर्ण रूप से ध्यान में रखा गया था कि - फॉण्ट

के अक्षर, अनुस्वार, विरामादि विधान और मात्रा के चिह्न छोटे आकार में भी स्पष्ट, साफ और लिखने-पढ़ने में आसान होने चाहिए. प्रत्येक अक्षर का आकार सुंदर, कलायुक्त और शानदार होना आवश्यक है. विशेष रूप से, मात्राएँ साफ़ सुथरी और अलंकृत होनी चाहिए. फॉण्ट न बहुत गाढ़ा, न अधिक पतला हो. उनके फॉण्टस् में सबसे अहम बात यह थी कि संस्कृत) तथा शुद्ध हिंदी (के सभी संयुक्त अक्षर, जो युनिकोड फॉण्टस् के बस की बात नहीं है, उनकी सुलेख प्रस्तुति. संकरोत्पन्न अशुद्ध रीति से जारज हिंदी लिखना युनिकोड फॉण्टस् के प्रभाव से आजकल इतना स्वीकार्य होगया है कि लोग तो यह भी नहीं जानते कि क्या फर्क है, क्या शुद्ध है और क्या अशुद्ध है और क्या उत्तम और क्या अनुत्तम है., और किसी-किसी को तो कोई फरक भी नहीं पड़ता.

उदाहरण के लिए संक्षिप्त नमूना देखिए-

रत्नाकर फॉण्ट	ङ्गि	द्यि	न्द्वि	ह्ण	ह्न	ह्म	ह्य	ह्ल	ह्व	ङ्क्त	ङ्ख	ङ्घ	ङ्ल	ङ्क्षि	ङ्क्ष्व	ङ्म
--------------- युनीकोड फॉण्ट	ङ्गि	द्यि	न्द्वि	ह्ण	ह्न	ह्म	ह्य	ह्ल	ह्व	ङ्क्त	ङ्ख	ङ्घ	ङ्ल	ङ्क्षि	ङ्क्ष्व	ङ्म

गंभीरता व गहराई से पारिष्कृत हिंदी सीखने वालों के लिए इनसे अच्छा तकनिकी साधन और कोई नहीं था न है. ये व्याकरणबद्ध फोनेटिक पथ-दर्शक गुरु बने हैं. ये अनमोल साधन मूल स्वर, संयुक्त स्वर, अर्ध व्यंजन, मृदु व्यंजन, कठोर व्यंजन, अनुनासिक व्यंजन, महाप्राण व्यंजन, वर्ग व्यंजन, अवर्ग व्यंजन, संयुक्त व्यंजन, व्यंजनाकार वर्गिकरण, वर्णोच्चार के इंद्रियस्थान, आदि का स्पष्टिकरण व विज्ञान भिन्न भिन्न रंगों के माध्यम से विद्यार्थियों को सिखाने लगे. इनकी वाहवा विश्व के चारों कोनों से होने लगी और रत्नाकर नराले का नाम कनाडा में सर्वश्रुत होगया.

1989में वर्ल्ड-वाइड-वेब इंटरनेट आगया. 1989 में रत्नाकर नराले ने स्वयं हिंदी शीक्षा की वेब साइट बनाई और उस पर हिन्दी के प्रचार-प्रसार हेतु विना मूल्य आन-लाइन हिंदी शिक्षा की विशेष सुविधा प्रारंभ कर दी थी. विश्व के सभी हिन्दी प्रेमियों के लिये निःशुल्क हिंदी पाठ उपलब्ध किये गये. इस अहम सुविधा का लाभ दुनिया की सभी दिशाओं से देशों से लाखों अनगिनत लोग उठाने लगे थे. इस कदम से रत्नाकर नराले का नाम विश्व के अन्यान्य देशों में फैल गया था. हिंदी के व्याकरण, वाक्य विन्यास, देवनागरी वर्ण विज्ञान आदि अहम विषयों पर रत्नाकर नराले का अनूठा संशोधन हिंदी स्कालर्स और अध्यापकों के लिए दिलचस्प तथा चिंतनीय सामग्री है, जिसकी पाठकों ने भूरि भूरि सराहना की है.

महत्वपूर्ण संस्थाओं का माध्यम

पुस्तक भारती के अध्यक्ष डॉ. रत्नाकर नराले ने पीछले 25 वर्षों से हिंदू इन्स्टिट्यूट टोरंटो के प्रधानाचार्य रह कर उस सामाजिक माध्यम से हिंदी भाषा व हिंदी के सांस्कृतिक साहित्य के प्रचार-प्रसार की अहम भूमिका निभाई है. प्रो. रत्नाकर नराले ने टोरंटो के तीनों विश्वविद्यालयों और टोरंटो के स्कूलबोर्ड के शैक्षणिक माध्यमों से गत 20 वर्षों में हिंदी भाषा प्रसार का व्यापक कार्य किया है. तथा ही. Hindi Times Media Group (2003) मासिक पत्रिका एवं ई-पत्रिका के हिंदी शिक्षा स्थाई स्तंभ के प्रकाशक रह कर हिंदी के प्रचार-प्रसार की भूमिका कनाडा-अमरिका खंड में निभा रहे हैं.

रत्नाकर नराले के संपादन व अध्यक्षता में पुस्तक भारती कनाडा की ISSN (2562-6086) प्राप्त पत्रकारिता है, ई-पत्रिकाएँ पुस्तक भारती रिसर्च जर्नल और भारत-सौरभ (www.pustak-bharati-canada.com). यह त्रैमासिक-द्विभाषीय शोधपरक ई-पत्रिका हिंदी, संस्कृत, भारतीय कला, संगीत एवं संस्कृति के प्रचार-प्रसार हेतु टोरंटो, कनाडा से प्रकाशित है. यह कनाडा की एक मात्र भारतीय रिसर्च जर्नल है.

इस पत्रिका में केवल यथोचित संदर्भ, आरेख और छायाचित्र के साथ लिखे हुए उच्च स्तरीय शोधपरक, ज्ञानपरक अथवा नाविन्यपूर्ण गद्य/पद्य आलेख ही प्रकाशित होते हैं. इसके कार्यकारी मंडल में विश्व के भारत और कनाडा के अतिरीक्त 20 से अधिक देशों से विश्वविद्यालयिन वाइस-चांसलरर्स, प्रोफेसरर्स, डीन्स तथा इन्यान्य दिग्गज महाभाग संलग्न हैं. इन ई-पत्रिकाओं द्वारा इंटरनेट के माध्यम से कनाडा, भारत और सारे विश्व के हिंदी जन समाज को वाङ्मयीन सेवा दे रहे है.

भारतीय स्वतंत्रता के अमृत महोत्सव के उपलक्ष में भारतीय कॉन्सुलावास टोरंटो, कनाडा में आयोजित कवि सम्मान गोष्ठी में काव्य प्रस्तुति करते पुस्तक भारती संस्थान के निदेशक प्रोफ़ेसर रत्नाकर नराले जी इस अवसर पर भारतीय कॉन्सुलावास की consulate-general श्रीमती अपूर्वा श्रीवास्तवा जी प्रोफेसर रत्नाकर नराले जी को सम्मान पत्र भेंट करते हुए एवं

प्रकाशन : अठारह महापुराण विद्या
लेखक : प्रो. रत्नाकर नराले
ISBN : 978-1-989416-29-7
पृष्ठ संख्या : 1000
कवर : हार्ड कवर
संपर्क ई-मेल : pustak.bharati.canada@gmail.com
वेब : www.pustak.bharati.canada.com
उपलब्धि : pustak.bharati.canada@gmail.com

पुस्तक परिचय :

पुराणों की दंतकथाओं के बीच और अतिरिक्त जो विद्या और विवेक भंडार विद्यमान है उस ज्ञानामृत को सूक्ष्म बुद्धि की छलनी से छान कर जो प्रतीति नवनीत प्राप्त होगा वह इस बोध परक ग्रंथ में प्रस्तुत किया गया है.

अठारह महापुराणों को पाठकों की सुविधा के लिए वर्णानुक्रम से :

1. **अग्नि** महापुराण,
2. **कूर्म** महापुराण,
3. **गरुड** महापुराण,
4. **नारद** महापुराण,
5. **पद्म** महापुराण,
6. **ब्रह्म** महापुराण,
7. **ब्रह्मांड** महापुराण,
8. **ब्रह्मवैवर्त** महापुराण,
9. **भविष्य** महापुराण,
10. **भागवत** महापुराण,
11. **मत्स्य** महापुराण,
12. **मार्कंडेय** महापुराण,
13. **लिंग** महापुराण,
14. **वराह** महापुराण,
15. **वामन** महापुराण,
16. **वायु** महापुराण,
17. **विष्णु** महापुराण और
18. **स्कन्द** महापुराण के क्रम से सिद्ध किया गया है.

अठारह महापुराण विद्या

प्रो. रत्नाकर नराले

Pustak Bharati, Toronto, Canada

प्रकाशन : कालिदास के आठ महाकाव्य

1. ऋतुसंहार
2. कुमारसंभव
3. नलोदय
4. मालविकाग्निमित्र
5. मेघदूत
6. रघुवंश
7. विक्रमोर्वशी
8. शकुन्तला

लेखक : प्रो. रत्नाकर नराले | ISBN : 978-1-989416-25-9

पृष्ठ संख्या : 520 | कवर : हार्ड कवर

प्रकाशक : पुस्तक भारती

संपर्क ई–मेल : pustak.bharati.canada@gmail.com

वेब : www.pustak.bharati.canada.com

पुस्तक परिचय :

संस्कृत महाकवि कालिदास के **ऋतुसंहार, कुमारसंभव, नलोदय, मालविकाग्निमित्र, मेघदूत, रघुवंश, विक्रमोर्वशी, शकुन्तला** आदि आठ प्रमुख नाटक-महाकाव्य एक ही स्थान में सरल हिंदी में रसर्च-स्कालर, संशोधक, छात्र, कवि या साहित्य प्रेमियों के लाभ के लिए यह एक संयुक्त महाकाव्य अपूर्व रूप में लिखा गया है. यह "**कालिदास के आठ महाकाव्य**" का काव्य सिंधु सरल हिंदी भाषा के दोहा छंदसूत्र के अनुसार एवं रागों, छंदो और गीतों के साथ अलंकारमय किया गया है. इस अपूर्व महाकाव्य की सत्यनिष्ठता प्रस्थापित करने और कायम रखने के लिए कालिदास महाकवि के मूल संस्कृत पद्य क्रमानुसार यथा योग्य साथ-साथ दिए हैं. आशा है प्रस्तुत अष्ट-महाकाव्य-सागर पाठकों और छात्रों को रुचिकर एवं लाभदायक हो. यह महाकाव्य वर्तमान हिंदी साहित्य जगत में एक अनुपम एवं महान संयोजन है. **आशा है प्रस्तुत अष्ट–महाकाव्य सागर पाठकों को रुचिकर एवं लाभदायक हो.**

कालिदास

के आठ महाकाव्य

ऋतुसंहार
कुमारसंभव
नलोदय
मालविकाग्निमित्र
मेघदूत
रघुवंश
विक्रमोर्वशी
शकुन्तला

प्रो. रत्नाकर नराले

Pustak Bharati, Toronto, Canada

प्रकाशन : भवभूति के महाकाव्य
लेखक : प्रो. रत्नाकर नराले
ISBN : 978-1-989416-19-8
पृष्ठ संख्या : 200
कवर : हार्ड कवर
प्रकाशक : पुस्तक भारती
संपर्क ई-मेल : pustak.bharati.canada@gmail.com
वेब : www.pustak.bharati.canada.com
उपलब्धि : pustak.bharati.canada@gmail.com

पुस्तक परिचय :

1. उत्तररामचरित
2. महावीरचरित
3. मालतीमाधव

संस्कृत महाकवि भवभूति के उत्तररामचरित, महावीरचरित और मालतीमाधव महाकाव्यों पर आधारित रत्नाकर की दोहाबद्ध और काव्यमय प्रस्तुति. भवभूति का उन्नीस छंदों और अठत्तीस अलंकारों का उत्तररामचरित नाटक नाना रसों से ओतप्रोत भरा हुआ है. मालतीमाधव नाट्य करुण रस प्रधान है और मधुरतम वाणी की उदारता में ढला है. प्रेम की विशुद्धता और तारतम्य भाव की प्रौढ़ता से उन्हें कान्यकुब्ज दरबार में कविरत्न और काक्पतिराज की उपाधियाँ प्राप्त थीं. कहा गया है की भवभूति की रसना पर मा सरस्वती विराजमान थी. हिंदी सहित्य की समृद्धि में यह एक अनमोल योगदान है.

महाकाव्य

उत्तररामचरित

महावीरचरित

मालतीमाधव

प्रो. रत्नाकर नराले

Pustak Bharati, Toronto, Canada

न स ज य भ र त म ल ग
कालिदास के
मेघदूत
की
छंद मीमांसा
Prof. Ratnakar Narale
BOOKS-INDIA.COM
पुस्तक भारती
Books-India
Pustak Bharati
Toronto, Canada
य र त भ ज स म न ग ल

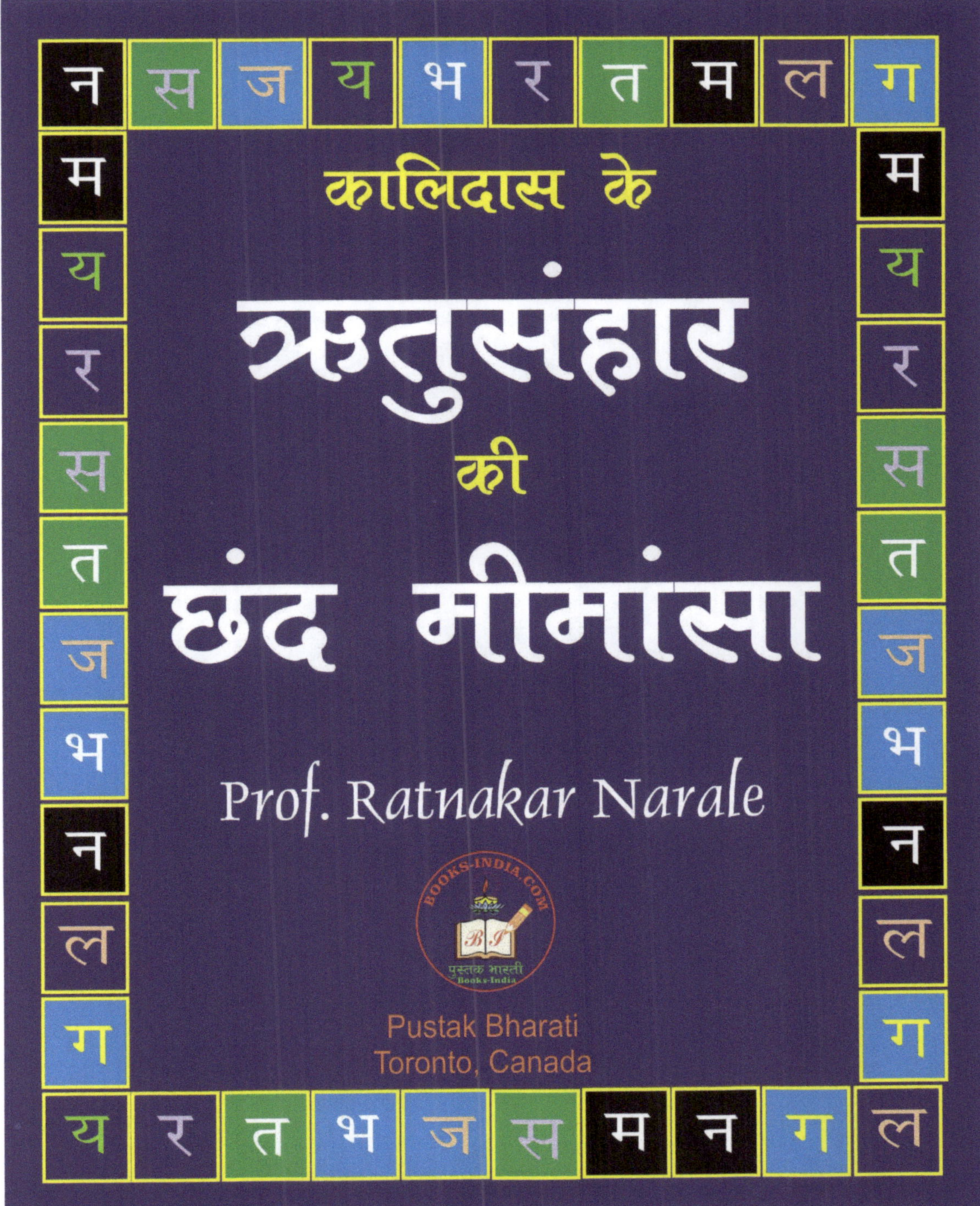

कालिदास के
ऋतुसंहार
की
छंद मीमांसा
Prof. Ratnakar Narale
Pustak Bharati
Toronto, Canada

न स ज य भ र त म ल ग
म य र स त ज भ न ल ग
म य र स त ज भ न ल ग
कालिदास के
शकुन्तला
की
छंद मीमांसा
Prof. Ratnakar Narale
BOOKS-INDIA.COM
BJ
पुस्तक भारती
Books-India
Pustak Bharati
Toronto, Canada
य र त भ ज स म न ग ल

न स ज य भ र त म ल ग
शंकराचार्य के
विवेकचूडामणि
की
छंद मीमांसा
Prof. Ratnakar Narale
BOOKS-INDIA.COM
पुस्तक भारती
Books-India
Pustak Bharati
Toronto, Canada
य र त भ ज स म न ग ल

न स ज य भ र त म ल ग
Gita Ki Chhanda Mimansa
गीता की छंद मीमांसा
गीता के सभी १०८ छंदों का विश्लेषण
Prof. Ratnakar Narale
BOOKS-INDIA.COM
पुस्तक भारती
Pustak Bharati
Toronto, Canada
य र त भ ज स म न ग ल

हिंदू
राज तरंगिणी
प्रो. रत्नाकर नराले
Sanskrit Hindi Research Institute, Toronto, Canada
श्री HINDI श्री
SANSKRIT RESEARCH
SHRI
श्री INTERNATIONAL श्री

प्रकाशन : हिंदू राजतरंगिणी, हिंदी
लेखक : प्रो. रत्नाकर नराले
ISBN : 978-1-989416-09-9
पृष्ठ संख्या : 300 Colour
कवर : हार्ड कवर
प्रकाशक : पुस्तक भारती
संपर्क ई-मेल : pustak.bharati.canada@gmail.com
वेब : www.pustak.bharati.canada.com
उपलब्धि : pustak.bharati.canada@gmail.com

पुस्तक परिचय :

भारत की स्वतंत्रता के पूर्व एक हजार वर्ष और स्वातंत्र्य के बाद भी **70** साल तक दिव्य हिंदू सकृति और इतिहास को दबाया, छुपाया, झुठलाया, नजरअंदाज, अप्रकाशित और बदनाम किया गया है. मगर अब हमारी आँखें खुल गई हैं और समय आगया है कि सचाई प्रकाशित करने का अहम सत्कार्य हम अपना दायित्व समझ कर करें. यह हमारा आद्य कर्तव्य है, अतः यह पुस्तक लिखी है. आशा है कि यह अनुसंधान पूर्वक ज्ञानगंगा अज्ञाता और ज्ञाता पाठकों की ज्ञान वृद्धि करे और रिसर्च स्कालर्स के लिए अमर्याद सामग्री का अतुलनीय योगदान बने.

hindū
rājtarangiṇī
Prof. Ratnakar Narale
SHRI
SANSKRIT
HINDI
RESEARCH
INTERNATIONAL
Sanskrit Hindi Research Institute, Toronto, Canada

प्रकाशन : श्री शिवाजी चरित्र दोहावली, हिंदी
लेखक : प्रो. रत्नाकर नराले
ISBN : 978-1-989416-14-3
पृष्ठ संख्या : 300
कवर : हार्ड कवर
प्रकाशक : पुस्तक भारती
संपर्क ई-मेल : pustak.bharati.canada@gmail.com
वेब : www.pustak.bharati.canada.com
उपलब्धि : pustak.bharati.canada@gmail.com

पुस्तक परिचय :

यह ऐतिहास्कि महाकविता छत्रपति श्री शिवाजी महाराज के अद्भुत इतिवृत्त का संगीतमय शिवलीलामृत है. इस के तीन सहस्र से अधिक दोहों में और एक शत से अधिक नूतन एवं राष्ट्रभक्ति हिंदी गीतों में राष्ट्रप्रेम और प्रेरणा का रहस्य ओतप्रोत भरा हुआ है. मराठों का अनुसंधानात्मक पूर्ववृत्त इस महत्कार्य की एक अनूठी विशेषता है.

महावीर बाप्पा रावल से आज तक के सभी स्वतंत्रता सेनानी और भारत के शहीद और प्रस्तुत जवानों के परम त्याग व बलिदान को यह चरित्र ससम्मान समर्पित है.

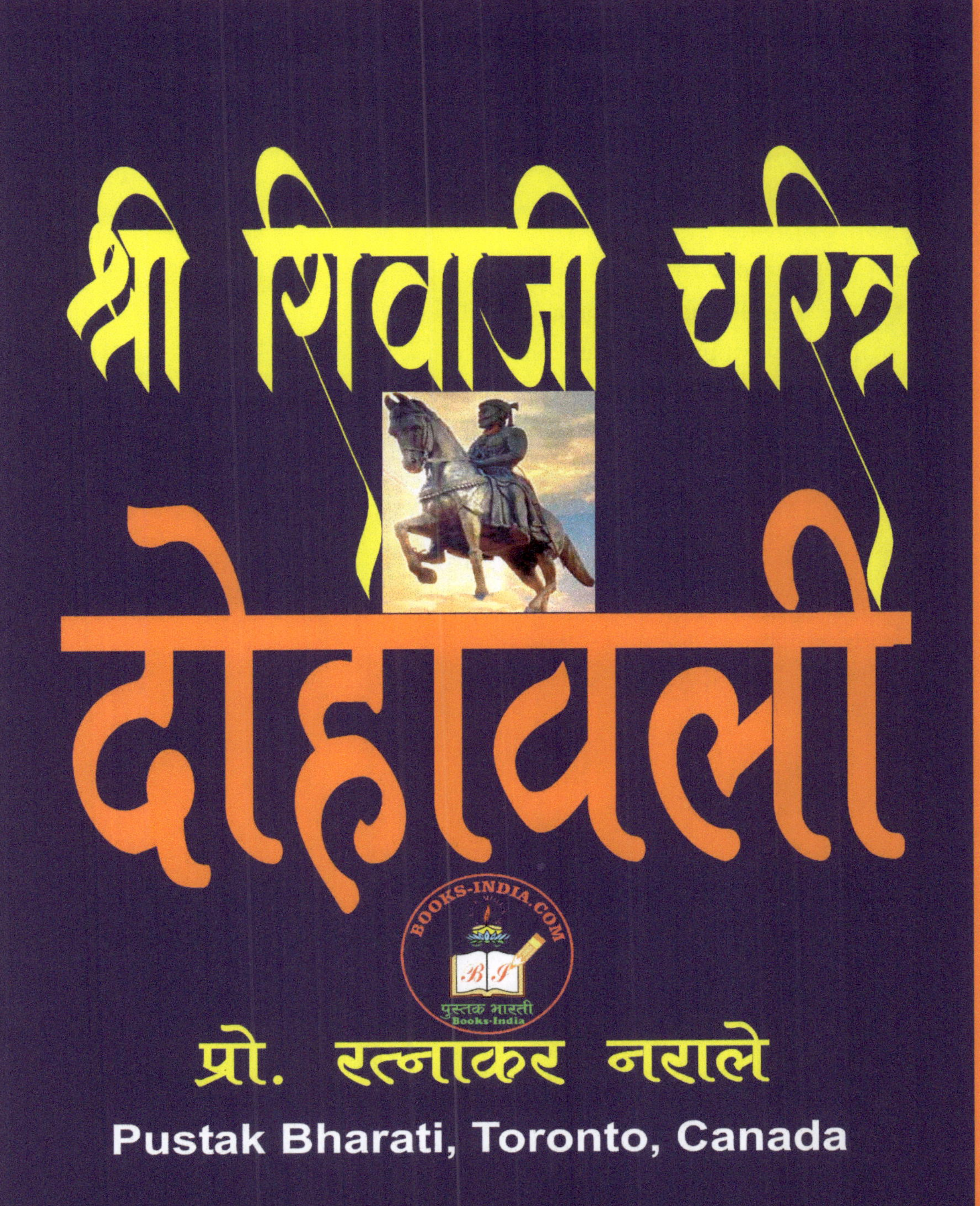
श्री शिवाजी चरित्र
दोहावली
BOOKS-INDIA.COM
पुस्तक भारती
Books-India
प्रो. रत्नाकर नराले
Pustak Bharati, Toronto, Canada

प्रकाशन : काव्य शिवाजी चरित्र, मराठी

लेखक : प्रो. रत्नाकर नराले

ISBN : 978-1-989416-39-6

पृष्ठ संख्या : 360

कवर : साफ्ट कवर

प्रकाशक : पुस्तक भारती

संपर्क ई-मेल : pustak.bharati.canada@gmail.com

वेब : www.pustak.bharati.canada.com

उपलब्धि : pustak.bharati.canada@gmail.com

पुस्तक परिचय :

शिव अवतार छत्रपति शिवाजी महाराजंच्या अद्‌भुत इतिहासाची राष्ट्रभक्ति गीतांनी ओतप्रोत भरलेली ही मनोरम संगीतमय कविता पुरातन ओवी छंदामध्ये पण वर्तमान मराठी भाषेत प्रस्तुत आहे. मराठ्यांचे अनुसंधानात्मक समूळ पूर्ववृत्त हे ह्या गाथेचे एक खास वैशिष्ट्य आहे.

काव्य शिव चरित्र

मराठी

श्री छत्रपति शिवाजींच्या अद्भुत लीलांचे

अथ ते इति संगीतमय मनोरम मराठी काव्य

Prof. Ratnakar Narale

Pustak Bharati, Toronto, Canada

प्रकाशन : काव्य कृष्णायन

लेखक : प्रो. रत्नाकर नराले

ISBN : 978-1-989416-38-9

पृष्ठ संख्या : 550

कवर : हार्ड कवर

प्रकाशक : पुस्तक भारती

संपर्क ई-मेल : pustak.bharati.canada@gmail.com

वेब : www.pustak.bharati.canada.com

उपलब्धि : pustak.bharati.canada@gmail.com

पुस्तक परिचय :

महाकाव्य ऐसा न हुआ है न होगा कभी. बाल श्रीकृष्ण का सर्वतोपरी दैवी अद्‌भुत लीलाओं से ओतप्रोत भरा हुआ मनोरम चरित्र और योगेश्वर श्रीकृष्ण का आध्यात्मिक गहनता से परिपूर्ण प्रतिभावान चरित्र जागतिक इतिहास में अनुपम तो हैं ही, उनको नये रूप से लिख कर उनकी उत्तमतम छंद, राग सरगम से अलंकृत कवितारूप यह प्रस्तुति अपूर्व, असामान्य एवं अद्वितीय है. स्वरलिपि युक्त संगीत कृष्णायन-विश्व का सर्वप्रथम और एकमेव इतिहास रचेता महाकाव्य है.

भारतीय संस्कृति का ऐसा कोई भी पहलू नहीं है जो इस अनूठे महाकाव्य में रुचिरता से सन्नद्ध न किया हो. यह केवल काव्य मात्र ही नही बल्कि यह गंभीर संशोधन से भरा हुआ शोधप्रबंध भी है. यह काव्य-संगीत प्रेमियोंके लिये राग-छंदों का दोहाबद्ध व्याख्याओं का ऐसा विशाल भांडागार है जैसा अन्य कहीं भी विद्यमान नहीं है. यह स्वरलीपी से परिपूर्ण महान ग्रंथ लेखक की दस वर्षों की काव्य तपस्या व संगीत साधना है.

काव्य कृष्णायन
प्रो. रत्नाकर नराले
HINDI
SANSKRIT
RESEARCH
INTERNATIONAL
SHRI
Sanskrit Hindi Research Institute,
Toronto, Canada

प्रकाशन :	**काव्य रामायण**
लेखक :	प्रो. रत्नाकर नराले
ISBN :	978-1-989416-37-2
पृष्ठ संख्या :	600
कवर :	हार्ड कवर
प्रकाशक :	पुस्तक भारती
संपर्क ई-मेल :	pustak.bharati.canada@gmail.com
वेब :	www.pustak.bharati.canada.com
उपलब्धि :	pustak.bharati.canada@gmail.com

पुस्तक परिचय :

इतिहास रचनेवाला संगीत यह महाकाव्य अद्‌भुत है. रघुवीर श्रीराम चंद्र व परम भक्त श्री हनुमान के सर्वतोपरी दैवी अद्‌भुत लीलाओ से ओतप्रोत भरा हुआ यह मनोरम चरित्र आध्यात्मिक गहनता से परिपूर्ण चरित्र जागतिक इतिहास में अनुपम है. नये रूप रामायण लिख कर उसे उत्तमतम छंद, राग सरगम से अलंकृत की हुई यह कवितारूप प्रस्तुति अपूर्व, असामान्य एवं अद्वितीय है.

भारतीय संस्कृति का ऐसा कोई भी पहलू नहीं है जो इस अनूठे महाकाव्य में रुचिरता से सन्नद्ध न किया हो. यह केवल काव्य मात्र ही नही बल्कि यह गंभीर संशोधन से भरा हुआ सचित्र शोधप्रबंध भी है. यह काव्य-संगीत प्रेमियो के लिये राग-छंदों का दोहाबद्ध व्याख्याओ>का ऐसा महान भांडागार है जैसा अन्य कहीं भी विद्यमान नहीं है. यह स्वरलीपी से परिपूर्ण महान ग्रंथ लेखक की दस वर्षो की काव्य तपस्या व संगीत साधना है. विश्व का पहिला रामायण श्री वाल्मीकि जी का था, उनके बाद श्री तुलसी रामायण और फिर अनेकों रामायण निकले, परंतु प्रस्तुत काव्य विश्व का सर्वप्रथम और एकमेव इतिहास रचेता स्वरलिपि युक्त संगीत-रामायण है.

काव्य रामायण

प्रो. रत्नाकर नराले

Sanskrit Hindi Research Institute, Toronto, Canada

प्रकाशन : रामायण दोहावली
लेखक : प्रो. रत्नाकर नराले
ISBN : 978-1-989416-13-6
पृष्ठ संख्या : 575
कवर : हार्ड कवर
प्रकाशक : पुस्तक भारती
संपर्क ई-मेल : pustak.bharati.canada@gmail.com
वेब : www.pustak.bharati.canada.com
उपलब्धि : pustak.bharati.canada@gmail.com

पुस्तक परिचय :

मनोरम 5200 दोहों का, रागबद्ध गीत-संगीत महाकाव्य ऐसा कभी हुआ न होगा. रघुवीर श्रीराम चंद्र व परम भक्त श्री हनुमान के सर्वतोपरी दैवी अद्‌भुत लीलाओं से ओतप्रोत भरा हुआ यह मनोरम चरित्र आध्यात्मिक गहनता से परिपूर्ण चरित्र जागतिक इतिहास में अनुपम हैं. नये रूप में रामायण लिख कर उसे उत्तमतम छंद, राग सरगम से अलंकृत की हुई यह दोहाबद्ध कवितारूप प्रस्तुति अपूर्व, असामान्य एवं अद्वितीय है.

Ramayana Dohavali
Composed by Ratnakar
संगीत रामायण दोहावली
दोहा छंद
Prof. Ratnakar Narale

प्रकाशन : बालकृष्ण दोहावली
लेखक : प्रो. रत्नाकर नराले
ISBN : 978-1-989416-94-5
पृष्ठ संख्या : 200
कवर : साफ्ट कवर
प्रकाशक : पुस्तक भारती
संपर्क ई-मेल : pustak.bharati.canada@gmail.com
वेब : www.pustak.bharati.canada.com
उपलब्धि : pustak.bharati.canada@gmail.com

पुस्तक परिचय :

प्रस्तुत बाल श्रीकृष्ण दोहावली महाकाव्य सर्वतोपरी दैवी अद्भुत लीलाओं से ओतप्रोत भरा हुआ व आध्यात्मिक गहनता से परिपूर्ण, प्रतिभावान और जागतिक इतिहास में अनुपम है. विशेष बात यह कि इस काव्य के दोहे बोलचाल की साधारण सरल हिंदी भाषा में ही रचे गए हैं. भारतीय संस्कृति का ऐसा कोई भी पहलू नहीं है जो इस अनूठे महाकाव्य में रुचिरता से सन्नद्ध न किया हो. यह काव्य प्रेमियों के लिये दोहाबद्ध विशाल भांडागार है. इसके किसी भी गीत के हारमोनियम स्वर लिपि के लिए संपर्क करें.

Bal Krishna Dohavali
Composed by Ratnakar
बालकृष्ण दोहावली
छंदकाव्य
Prof. Ratnakar Narale

प्रकाशन : राधाकृष्ण दोहावली

लेखक : प्रो. रत्नाकर नराले

ISBN : 978-1-989416-07-5

पृष्ठ संख्या : 260

कवर : हार्ड कवर

प्रकाशक : पुस्तक भारती

संपर्क ई-मेल : pustak.bharati.canada@gmail.com

वेब : www.pustak.bharati.canada.com

उपलब्धि : pustak.bharati.canada@gmail.com

पुस्तक परिचय :

प्रस्तुत राधाकृष्ण दोहावली काव्य सर्वतोपरी दैवी एवं अद्‌भुत लीलाओं से ओतप्रोत भरा हुआ है. यह आध्यात्मिक गहनता से परिपूर्ण, प्रतिभावान और जागतिक इतिहास में अनुपम है. विशेष बात यह है कि इस काव्य के दोहे बोलचाल की साधारण सरल हिंदी भाषा में ही रचे गए हैं. भारतीय संस्कृति का ऐसा कोई पहलु नहीं है जो इस अनूठे काव्य में रुचिरता से सन्नबद्ध न किया हो. यह काव्यप्रेमियों के लिए एक छंदबद्ध विशाल भांडागार है. इसके किसी भी गीत के हारमोनियम स्वर लिपी के लिए कृपया लेखक से संपर्क करें.

राधाकृष्ण दोहावली
प्रो. रत्नाकर नराले
Pustak Bharati, Toronto, Canada

प्रकाशन : गीता दोहावली

लेखक : प्रो. रत्नाकर नराले

ISBN : 978-1-989416-08-2

पृष्ठ संख्या : 260

कवर : हार्ड कवर

प्रकाशक : पुस्तक भारती

संपर्क ई-मेल : pustak.bharati.canada@gmail.com

वेब : www.pustak.bharati.canada.com

उपलब्धि : pustak.bharati.canada@gmail.com

पुस्तक परिचय :

दोहा छंद में रचित यह दुनिया की एक लंबी संगीतमय हिन्दी कविता है । इसके 2000 दोहे श्रीमद्भगवद् गीता के 700 श्लोकों के साथ संलग्न हैं। यह कृति न तो अनुवाद है और न ही भाष्य है, बल्कि यह भगवद् गीता पर एक भक्ति संगीत काव्य है । इस का काव्य का उद्देश्य गीता के लिए उचित पृष्ठभूमि प्रदान करना और गलत धारणाओं और लापता कड़ियों को दूर करना है, जो गीता की टीकाओं में निहित हैं । दुनिया में सबसे ज्यादा बोली जाने वाली संगीतमय भारतीय भाषा हिंदी है, जिसका वर्तमान स्वरूप इस काव्य में प्रयुक्त है । यह दोहावली आध्यात्मिक ज्ञान का एक महासागर है ।

प्रो. रत्नाकर नराले

Pustak Bharati, Toronto, Canada

प्रकाशन : चित्र गीता
लेखक : सौ. माधवी बोरीकर
ISBN : 978-1-989416-00-2
पृष्ठ संख्या : 100
कवर : हार्ड कवर, कलर
प्रकाशक : पुस्तक भारती
संपर्क ई-मेल : pustak.bharati.canada@gmail.com
वेब : www.pustak.bharati.canada.com
उपलब्धि : pustak.bharati.canada@gmail.com

पुस्तक परिचय :

For our common Indian brothers and sisters, who know our National language Hindi, I have given the Hindi Dohas from the "Gita Dohavali" of Dr. Ratnakar Narale of Toronto, Canada. Prof. Ratnakar Narale received "Hind Vishwa Samman" award from Govt. of India, at the able hands of Smt. Sushma Swaraj, Minister of External affairs, in 2018. He has also received "Hindu Ratna" Sanman from Govt. of Canada. He has received many other awards such as "Sarasvati Samman," "Kala-Varidhi Samman," etc. for his various books. His Dohas have made my Chitra-Gita musical and melodious. While reading the Ovis from Gitai and Dohas from Gita Dohavali, the images of Chitra-Gita become enjoyable, complete and easy to understand. They all together hand-in-hand fulfill the purpose of the Chitra-Gita, as Lord Shri Krishna said in Bhagavad-Gita (18.68).

श्रीमद्भगवद् गीता
सौ. माधवी बोरीकर

प्रकाशन : कसीदाकारी में गीता

लेखक : सौ. माधवी बोरीकर

ISBN : 978-1-989416-49-2

पृष्ठ संख्या : 70 Colour

कवर : हार्ड कवर, कलर

प्रकाशक : पुस्तक भारती

संपर्क ई-मेल : pustak.bharati.canada@gmail.com

वेब : www.pustak.bharati.canada.com

उपलब्धि : pustak.bharati.canada@gmail.com

पुस्तक परिचय :

इस पुस्तक में अध्यात्म और कला के संगम में भाव एवं भक्ति एक ही स्थान पर समाविष्ट हैं. गीता के सभी आध्यायों के दृश्य सिल्क के कपड़े पर रेशम के धागों से बारकाई से अनूठी कशीदाकारी मे प्रस्तुत है.

कसीदाकारी
में
गीता

Title	**Gita As She Is In Krishna's Own Words, 3 Volume Set**
Author :	Prof. Ratnakar Narale
ISBN :	978-1-989416-56-3
Pages :	360 Colour
Cover :	Hard Cover
Publisher :	**Pustak Bharati**
Contact :	pustak.bharati.canada@gmail.com
Web :	www.pustak.bharati.canada.com
Available at :	pustak.bharati.canada@gmail.com

About the Book :

Hard Cover, Coloured Edition, with Illustrations. This is a **critical research work**. This book is a **lifetime study** for one who has dedication and patience to learn and **contemplate** on every word of the divine Gita. May you be **a new learner, a scholar, an author, a swami, a Professor or an Institution**, this is the right resource **for a critical study** for those who wish to go beyond. If one wants **to learn or teach** **Gita through Sanskrit and Sanskrit through Gita**, there is no substitute. From an elementary level to most scholarly level, to know the "**Gita As She is in Krishna's Own Sanskrit Words**," this book is the **sole authority**. Regardless of how many books on Gita you may have read, studied or written, while going through this **treasure of information**, you will discover **many Surprises, Interesting facts and Important points**, which you would never have known without going through this book. This books **removes** all the **misconceptions and wrong notions** one has collected without properly knowing what the Sanskrit words of Krishna truly mean. **Seeing is believing.**

GITA AS SHE IS
In Krishna's Own Words
Volume I
Chapters 1, 2 & 12
Prof. Ratnakar Narale
Ratnakar
Pustak-Bharati
Books-India

GITA AS SHE IS
In Krishna's Own Words
Volume II
(Chapters 3-11)
Prof. Ratnakar Narale
Ratnakar
Pustak-Bharati
Books-India

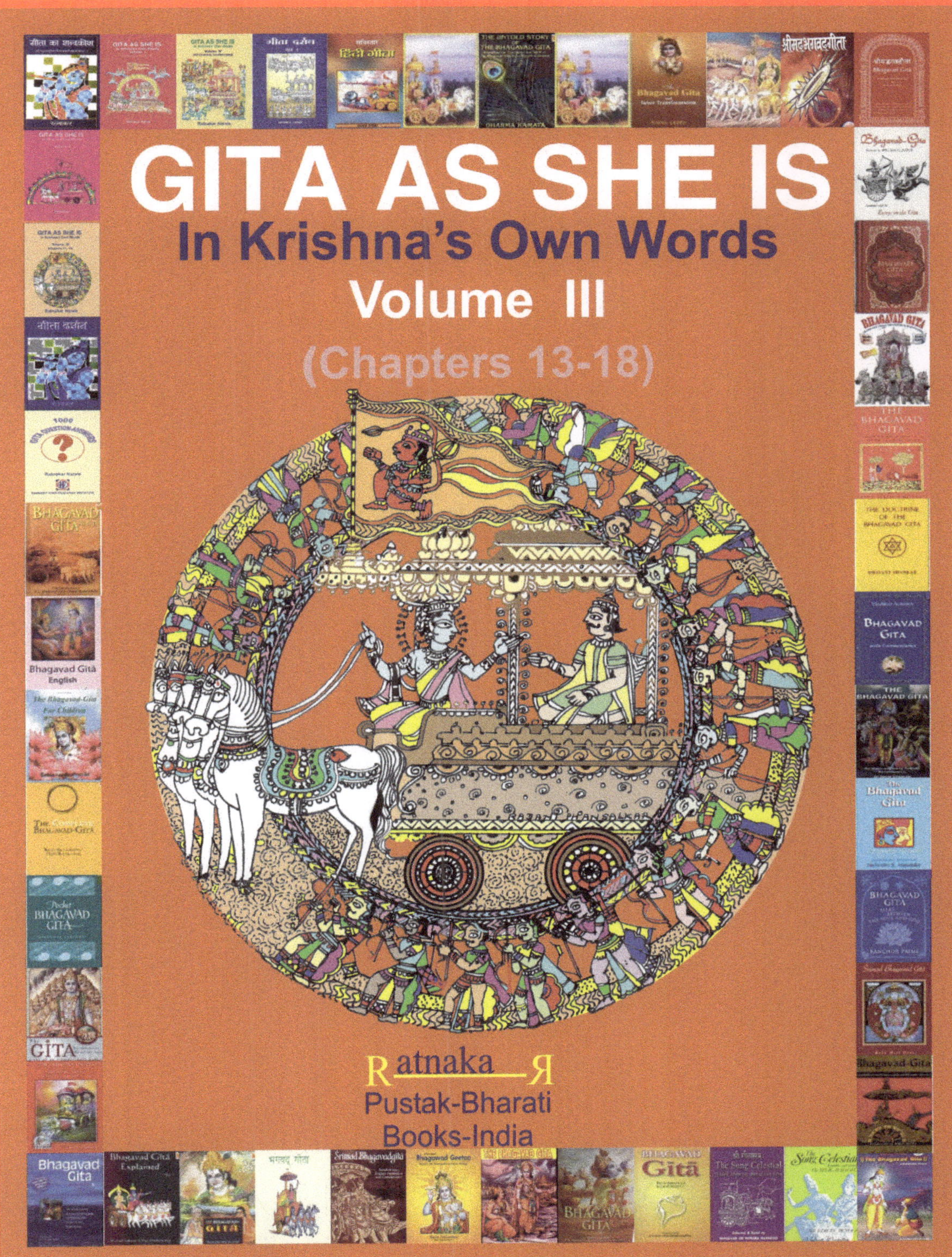
GITA AS SHE IS
In Krishna's Own Words
Volume III
(Chapters 13-18)
Ratnakar
Pustak-Bharati
Books-India

प्रकाशन : **गीता अनुष्टुभ् संस्करणम्**
लेखक : प्रो. रत्नाकर नराले
ISBN : 978-1-989416-12-9
पृष्ठ संख्या : 230
कवर : हार्ड कवर
प्रकाशक : पुस्तक भारती
संपर्क ई-मेल : pustak.bharati.canada@gmail.com
वेब : www.pustak.bharati.canada.com
उपलब्धि : pustak.bharati.canada@gmail.com

पुस्तक परिचय :

Gita Anushtubh Sanskaranam is world's first Sanskrit recension of the Gita and its background, composed wholly in *Anushtubh Shlokas*.

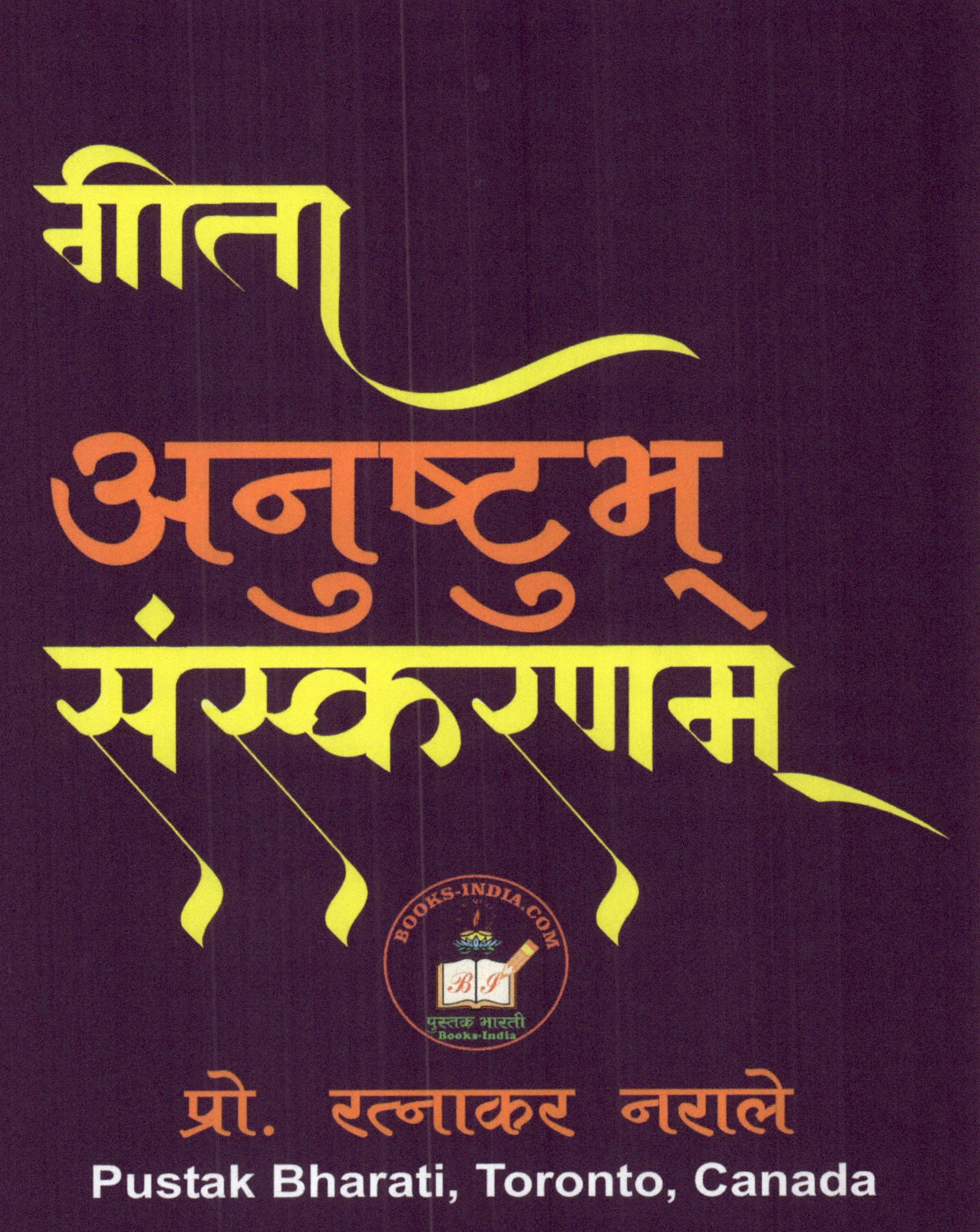
गीता
अनुष्टुभ्
संस्करणम्
BOOKS-INDIA.COM
पुस्तक भारती
Books-India
प्रो. रत्नाकर नराले
Pustak Bharati, Toronto, Canada

प्रकाशन : गीता का शदकोश और अनुक्रमणी

लेखक : प्रो. रत्नाकर नराले

ISBN : 978-1-989416-15-0

पृष्ठ संख्या : 420

कवर : हार्ड कवर

प्रकाशक : पुस्तक भारती

संपर्क ई–मेल : pustak.bharati.canada@gmail.com

वेब : www.pustak.bharati.canada.com

उपलब्धि : pustak.bharati.canada@gmail.com

पुस्तक परिचय :

It is Gita Shabdanushasan. It is a systematically laid out one-of-a-kind All-in-one Gita-Dictionary, Gita-Grammar, Gita-Thesaurus, Gita-Reference and Gita-Index, in Devanagari Sanskrit-Hindi. It is a Systematically laid out, One-of-a-Kind, All-in-One Gita-Dictionary, Gita-Grammar, Gita-Thesaurus, Gita-Reference, Gita-Index and much more, in Devanagari Sanskrit-Hindi. It is a treasyue of knowledge got the Gita Students, Gita Teachers, Gita Scholars and Gita Lovers.

Gita ka Shabdakosh
Grammatical Dictionary
of the Gita.
गीता का शब्दकोश
और अनुक्रमणी
New
Edition
Prof. Ratnakar Narale
Ratnakar
Pustak-Bharati
Books-India

लेखक : प्रो. रत्नाकर नराले
ISBN : 978-1-989416-19-8
पृष्ठ संख्या : 80
कवर : साफ्ट कवर
प्रकाशक : पुस्तक भारती
संपर्क ई-मेल : pustak.bharati.canada@gmail.com
वेब : www.pustak.bharati.canada.com
उपलब्धि : pustak.bharati.canada@gmail.com

पुस्तक परिचय :

Shlokas of the Bhagavad Gita are arranged in 8 syllable sections and two columns for proper singing and recitation. The text is printed in bigger size Devanagari Sanskrit Font for comfortable reading.

गीता पठनम्
संस्कृत
Prof. Ratnakar Narale

प्रकाशन : गीता पठनम्, English
लेखक : प्रो. रत्नाकर नराले
ISBN : 978-1-989416-20-4
पृष्ठ संख्या : 80
कवर : साफ्ट कवर
प्रकाशक : पुस्तक भारती
संपर्क ई-मेल : pustak.bharati.canada@gmail.com
वेब : www.pustak.bharati.canada.com
उपलब्धि : pustak.bharati.canada@gmail.com

पुस्तक परिचय :

Shlokas of the Bhagavad Gita are arranged in 8 syllable sections and two columns for proper singing and recitation. The text is printed in bigger size Devanagari Sanskrit Font for comfortable reading.

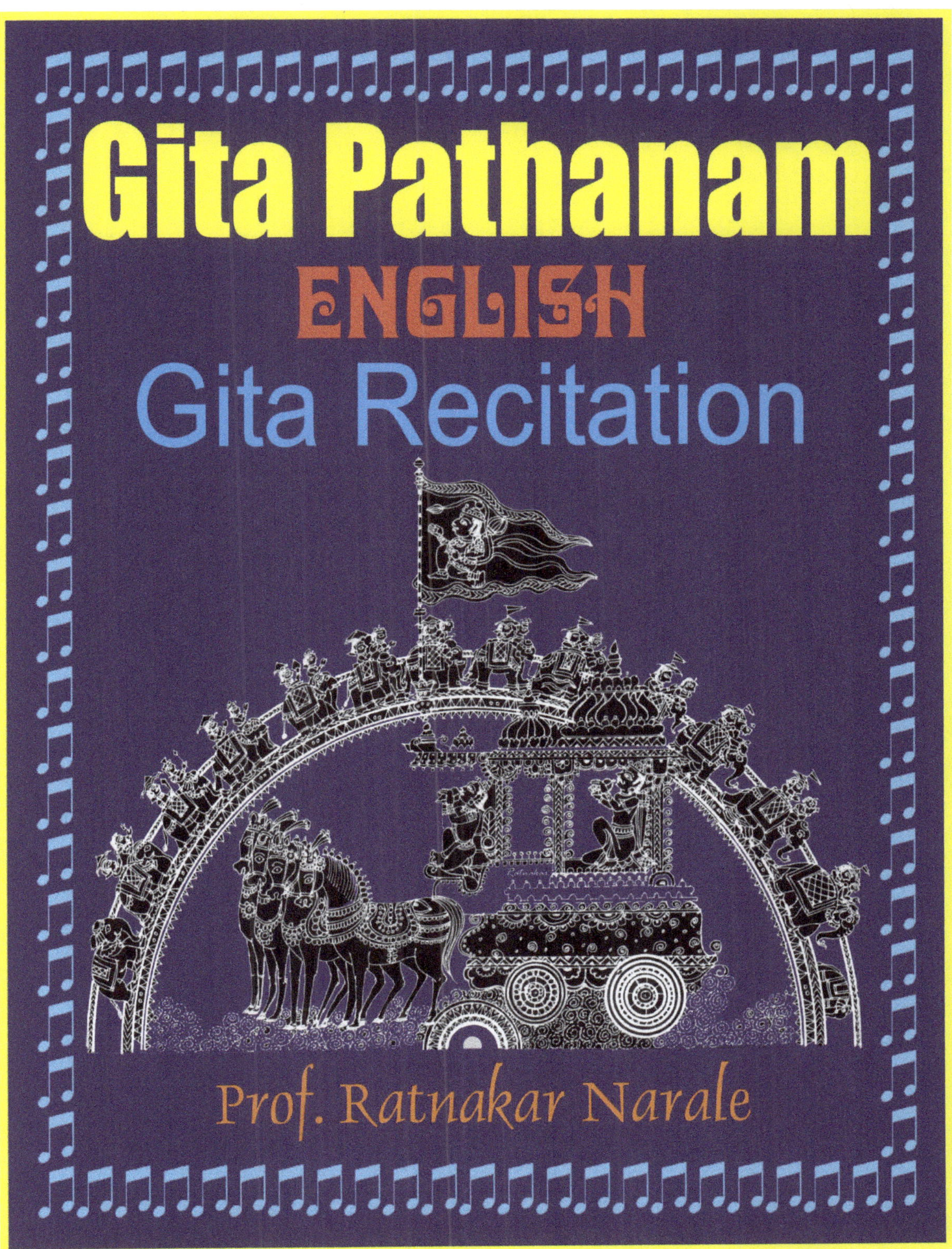
Gita Pathanam
ENGLISH
Gita Recitation
Prof. Ratnakar Narale

प्रकाशन : गीता ज्ञान कोश, मराठी
लेखक : प्रो. रत्नाकर नराले
ISBN : 978-1-989416-15-0
पृष्ठ संख्या : 500
कवर : साफ्ट कवर
प्रकाशक : पुस्तक भारती
संपर्क ई-मेल : pustak.bharati.canada@gmail.com
वेब : www.pustak.bharati.canada.com
उपलब्धि : pustak.bharati.canada@gmail.com

पुस्तक परिचय :

This is a critical research work. This book is a lifetime study for one who has dedication and patience to learn and contemplate on every word of the divine Gita. May you be a New learner, a Scholar, an Author, a Swami, a Professor or an Institution, this is the right resource for a critical study for those who wish to go beyond.

If one wants to learn or teach Gita through Sanskrit and Sanskrit through Gita, there is no substitute. From an elementary level to most scholarly level, to know the Gita As She is in Krishna's Own Sanskrit Words, this book is the sole authority.

Regardless of how many books on Gita you may have read, studied or written, while going through this treasure of information, you will discover many Surprises, Interesting facts and Important points, which you would never have known without going through this book. This books removes all the misconceptions and wrong notions one has collected without properly knowing what the Sanskrit words of Krishna truly mean. Seeing is believing.

गीता ज्ञान कोश
मराठी
Prof. Ratnakar Narale
BOOKS-INDIA.COM
पुस्तक भारती
Books-India

प्रकाशन : संगीत श्रीसत्यनारायण व्रत कथा
लेखक : प्रो. रत्नाकर नराले
ISBN : 978-1-989416-83-9
पृष्ठ संख्या : 100
कवर : साफ्ट कवर
प्रकाशक : पुस्तक भारती
संपर्क ई-मेल : pustak.bharati.canada@gmail.com
वेब : www.pustak.bharati.canada.com
उपलब्धि : pustak.bharati.canada@gmail.com

पुस्तक परिचय :

श्री-सत्य-नारायण व्रत की नई संगीत कथाएँ यहाँ स्कंद पुराण के रेवा खंड में भगवान व्यास मुनि द्वारा वर्णित दिव्य कहानियों के साथ प्रस्तुत की गई हैं. व्यास मुनि के लेखन को अंतिम सत्य के रूप में रखते हुए, नई कहानियों को पाठकों के सवालों के जवाब देने और उनकी शंकाओं, भ्रम और गलतफहमी को दूर करने के लिए सुलझाया जाता है. इन कहानियों को पढ़ते हुए, जो पाठक पहले से ही अन्य स्रोतों से कहानियों को जान चुके हैं, वे सकारात्मक अंतर को देखेंगे. वर्तमान कहानियों में, कोई अकृत्रिम या असंगत विवरण नहीं है. प्रत्येक कहानी में प्रत्येक दृश्य के समकालीन बारीक विवरण को सावधानीपूर्वक शामिल करने के लिए देखभाल भी की जाती है. कहानियों को लिखते समय, यह विशेष रूप से समझा जाता है कि सुरक्षा देने के दौरान, प्रभु भक्तों और उनकी संपत्ति को अस्थायी रूप से अपने भक्तों के लिए दंडित करने की प्रक्रिया के दौरान कोई नुकसान या विनाश नहीं होने देते हैं. सत्यनारायण कथा के पुराने पाठक इन कहानियों को थोड़ा अलग पा सकते हैं, क्यों कि यहाँ भगवान लोगों और संपत्ति को होने वाले किसी भी स्पष्ट नुकसान को पुनर्स्थापित करते हैं. इस विशेष अच्छे कारण के लिए, मेरा नया श्री-सत्य-नारायण व्रत कथा सागर थोड़ा अलग है जिससे कि आप यही कहानियाँ कहीं और पुस्तक में पढ़ेंगे.

संगीत श्री-सत्यनारायण-व्रत-कथा

Sangiet-Shri-Satya-Narayan-Vrat-Katha

Prof. Ratnakar Narale

Ratnakar
Pustak Bharati * Books-India

प्रकाशन : **Yoga Sutras of Patanjali, with Asana Steps**

लेखक : प्रो. रत्नाकर नराले

ISBN : 978-1-989416-88-4

पृष्ठ संख्या : 270, full size

कवर : साफ्ट कवर, Colour

प्रकाशक : पुस्तक भारती

संपर्क ई-मेल : pustak.bharati.canada@gmail.com

वेब : www.pustak.bharati.canada.com

उपलब्धि : pustak.bharati.canada@gmail.com

पुस्तक परिचय :

(A) Samadhipadah : Definitions embeded in the Yoga Sutras, The Science of Yoga
1. Yoga defined 2. Mind-set 3. Proof 4. Perversion 5. Unreality 6. Unawareness 7. Revelation 8. Non-attachment 9. Non-desire in the fruit of karma 10. Oneness

(B) Sadhanapadah : 11. Discipline of right actions 12. Affliction 13. The perverse state of mind 14. Illusion of Indifference 15. Attachment 16. Hatred 17. Fear of Death 18. The root of fflictions 19. Unhappiness 20. The perceptible world 21. Attributes 22. Beholder 23. Beheld 24. Union 25. Perversion of mind 26. Future pains and Liberation 27. Discernment 28. Cognition 29. Component of Yoga 30. Self-controls 31. Universality 32. Restraints 33. Doubt, Violence 34. Obstacles 35. Non-violence 36. Truthfulness 37. Celibacy 38. Abstinence 39. Purity 40. Contentment 41. Austerity 42. Study of scriptures 43. Faith in God 44. Steady State 45. Indifference to Duality 46. Breath Control 47. Uniformity

(C) Vibhutipadah : 48. Steady Abstraction 49. Concentration 50. Meditation 51. Restraint 52. Light of Cognition 53. Interior 54. Exterior 55. One-pointedness 56. Righteous 57. Reason and Result 58. Perception of Speech 59. Reincarnation 60. Intuition 61. Becoming Invisible 62. Knowledge of Death 63. Strength like an Elephant 64. Knowledge of Remote Objects 65. Knowledge of Universe 66. Hunger and Thirst Control 67. Knowledge of Energy Centers 68. Universal Knowledge 69. Self Realization 70. Knowledge of Universe 71. Success 72. Entering in Other's Body 73. Micro hearing 74. Arial Travel 75. Aura 76. Conquering the Nature 77. Beauty and Strength 78. Conquering Organs 79. Liberation

(D) Kaivalyapadah : 80. Success 81. Change of Genera 82. Unification of Vision and Visibility 83. Deed 84. Fruit, Result 85. Nature and Properties 86. Modes, ways 87. Selflessness 88. Meditation 89. Sequential Perception 90. Final liberation

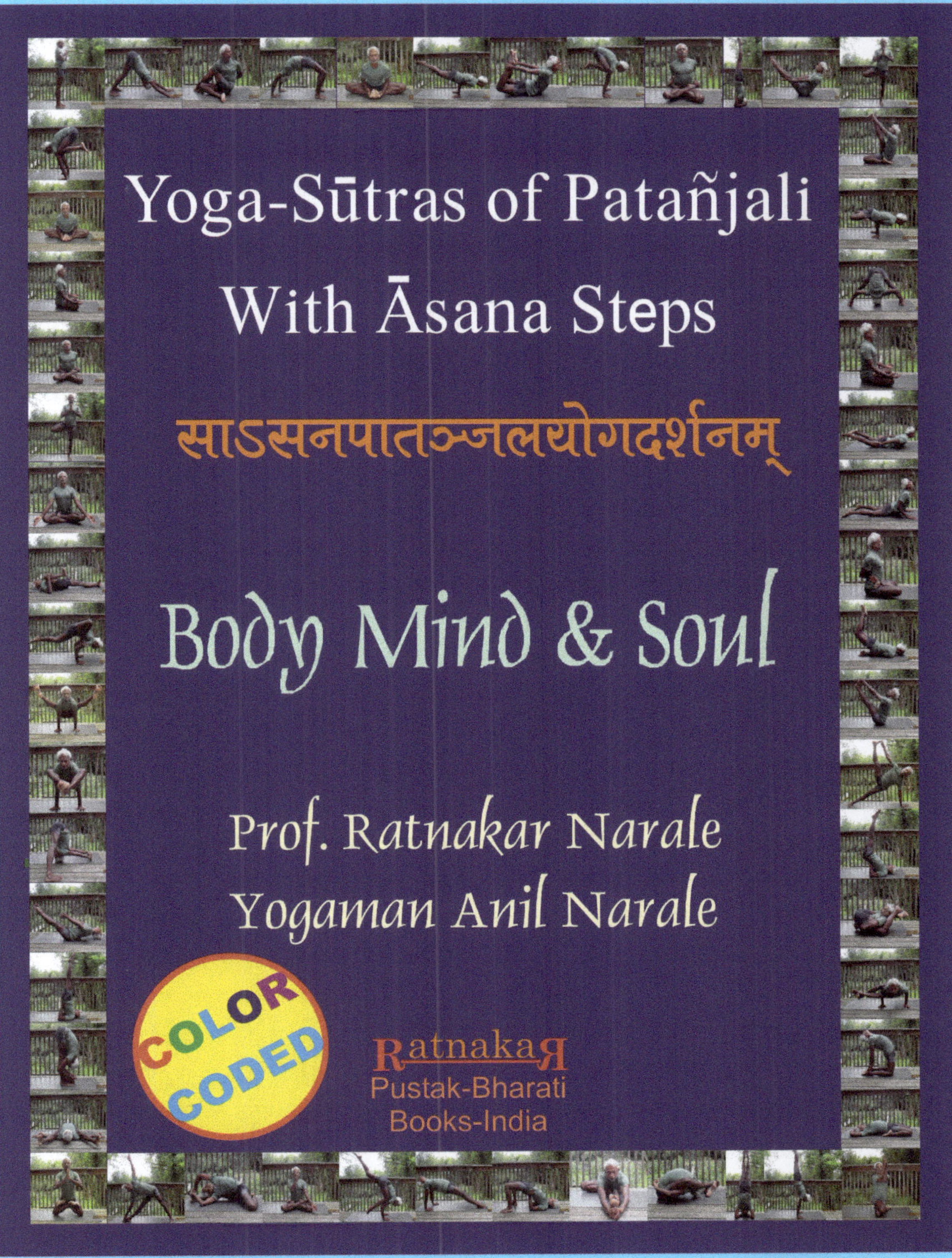
Yoga-Sūtras of Patañjali
With Āsana Steps
साऽऽसनपातञ्जलयोगदर्शनम्
Body Mind & Soul
Prof. Ratnakar Narale
Yogaman Anil Narale
COLOR CODED
Ratnakar
Pustak-Bharati
Books-India

प्रकाशन : गीत रत्नाकर
लेखक : प्रो. रत्नाकर नराले
ISBN : 978-1-989416-11-2
पृष्ठ संख्या : 500
कवर : हार्ड कवर
प्रकाशक : पुस्तक भारती
संपर्क ई-मेल : pustak.bharati.canada@gmail.com

पुस्तक परिचय :

इस बृहत् पुस्तक में हमारी उज्ज्वल भारतीय सांस्कृति के 150 से अधिक विभिन्न विषयों पर लिखे हुए सुंदर श्री गणेश, देवी सरस्वती, भगवा ध्वज, भारत राष्ट्र गौरव, जय जवान, महाराष्ट्र गौरव, माता-पिता गौरव, राष्ट्रभाषा हिंदी, देववाणी संस्कृत, महाराष्ट्र भाषा मराठी, लक्ष्मी नारायण, गजेंद्र मोक्ष, सूर्य नारायण, सत्यनारायण भगवान, शिव-पार्वती-गणेश, ब्रह्म विष्णु महेश, श्रवण कुमार, दशरथ जी, रामचंद्र प्रभु, जनक जी, सीताराम, सीता देवी, वनवास गमन, वीर जटायु, वीर संपाती, गुह निषाद, नीतिवीर विभीषण, सुबंधु लक्ष्मण, सुबंधु भरत, महावीर हनुमान, सेतु बंधन, लंका दहन, छातीफाड़ हनुमान, पुष्पक विमान, रामराज्य, दीपावली, रामायण, लव-कुश, कृष्ण कुमार, देवकी नंदन, कृष्ण कन्हैया, गोविंद, माखन चोरी, हरि घनश्याम, नंद गोपाल, रासलीला, राधेश्याम, मोहन, नंद किशोर, राधाकृष्ण, नटखट श्याम, मुरली वाला, पूतना वध, वत्सासुर वध, तृणावर्त वध, बकासुर वध, अघासुर वध, गोवर्धनधारी, कालिया मर्दन, केशिनीषूदन, कंस निकंदन, योगेश्वर श्रीकृष्ण, अध्यात्म ज्ञान, ब्रह्मज्ञान, माया, आत्मशाँति-विश्वशाँति, वसुधैव कुटुम्बकम्, भूत दया, वेद वाणी, अहिंसा, सांख्य योग, कर्मयोग, धर्म, ज्ञान-अज्ञान, धर्म युद्ध, अवतार, बुद्धि योग, भक्तियोग, भक्ति-भाव, भवचक्र, श्रद्धा, योग सिद्धि, प्रणव, विभूति योग, ज्ञान योग, पुरुष-प्रकृति, विश्वरूप दर्शन, संसार वृक्ष, गुणमाया, गीता सार, शबरी भीलनी, पुंजिकस्थला देवी, अहल्या देवी, अनसूया देवी, देवी मंदोदरी, महाराणी पद्मावती, भक्त मीरा बाई, राजमाता जिजाबाई, महारानी सईबाई, झाँसी की रानी, साँई, श्री दत्तात्रय, गुरु कृपा, नारद मुनि, वाल्मीक मुनि, व्यास मुनि, भरद्वाज मुनि, शरभंग मुनि, सुतीक्ष्ण मुनि, महर्षि पतंजलि, गुरु नानक, गुरु रामदास, वीर राजपूत लोग, महाराजा बाप्पा रावल, महाराजा चाच, महाराजा दाहीर, महाराणा संग, महाराणा प्रताप सिंह, वीर मराठा लोग, छत्रपति शिवाजी, अफजलखान वध, शाहिस्तेखान पराभव, शिवाजी राज्याभिषेक, वीर मुरारबाजी, वीर तानाजी, वीर बाजी प्रभु, वीर फिरंगोजी, सह्याद्री पर्वत, विंध्य पर्वत, सातपुड़ा पर्वत, सिंधु नदी, गंगा मैया, यमुना रानी, नर्मदा देवी, तापी देवी, गोदावरी देवी, कावेरी देवी, रामभूमि अयोध्या, तीर्थक्षेत्र चित्रकूट, पवित्र धाम पंचवटी, व्रजभूमि, मधुबन, मथुरा नगरी, वृंदावन, होली, कृष्ण की द्वारका, समृद्ध विजयनगर, तीर्थक्षेत्र तिकोटा, सावन ऋतु, ...आदि 150 से अधिक विषयों पर आसावरी, अड़ाना, अल्हैया बिलावल, बंजारा, मिश्र, बागेश्री, भैरव, भैरवी, बहार, भीमपलासी, बरहंस, भूपाली, देशकार, देस, दरबारी कान्हड़ा, दुर्गा, धुनी, गौड़ मल्हार, होरी खमाज, हमीर, भिन्न षड्ज, बिहाग, बिलावल, हिंडोल, तिलंग, तिलक कामोद, जंगला, जोगीया, जौनपुरी, जयजयवंती, केदार, काफी, कलावती, मालकंस, मारवा, मुल्तानी, शंकरा, शुद्ध सारंग, पीलू, प्रमाती, पूर्वी, पूरिया, पूरिया धनाश्री, रामकली, रासडा, रत्नाकर, खमाज, तोड़ी, वृंदावनी सारंग, यमन कल्याण, आदि 60 राग और अभंग, बालानंद, भुजंगप्रयात, चौपाई, दोहा, शिखरिणी, लावणी, शार्दूलविक्रीडित, श्लोक, पृथ्वी, वसंततिलका, आदि 12 छंदों के दादरा ताल, रूपक ताल, तीव्र ताल, कहरवा ताल, झप ताल, एक ताल, चौताल, तीन ताल, दीपचंदी ताल, और धमार ताल, आदि 12 तालों पर लिखे हुए हमारे नए गीतों में से मनोरम संगीतमय 668 गीत चुन कर प्रस्तुत किए हैं.

प्रो. रत्नाकर नराले

Pustak Bharati, Toronto, Canada

प्रकाशन : संगीत गुरु, हिंदी
लेखक : प्रो. रत्नाकर नराले
ISBN : 978-1-989416-28-0
पृष्ठ संख्या : 250
कवर : साफ्ट कवर
प्रकाशक : पुस्तक भारती
संपर्क ई–मेल : pustak.bharati.canada@gmail.com
वेब : www.pustak.bharati.canada.com
उपलब्धि : pustak.bharati.canada@gmail.com

पुस्तक परिचय :
संगीत सिखने, सिखाने एवं आनंद लूटने के लिय सभी नये हंदी गीतों सहित इतिहास कर्त्री पुस्तक.

हारमोनियम पर भारतीय संगीत बजाने और गाने का अर्थ है अपने हारमोनियम के सुर और अपनी आवाज को तबले के बोल के साथ संतुलित करना. हारमोनियम एक रीड वाद्य होने के कारण, इसके सुर हमारे वोकल कॉर्ड के स्वर के काफी करीब होते हैं. जिस तरह हम हमेशा एक ही नियमित स्वर में हर शब्द को बोलते या गाते नहीं हैं, वैसे ही हारमोनियम के स्वरों को भी नरम, मध्य या कठोर स्वरों में बदलना पड़ता है. गीत के शब्द और मनोदशा और गायक की आवाज से मेल खाने के लिए धीरे, मध्य या तेज गति में बदला जाता है.

विभिन्न 50 रागों में विभिन्न तालों पर लिखे हुए 150 स्वर लिपिबद्ध नए गीतों की यह एक अद्वितीय मनोरम पुस्तक है.

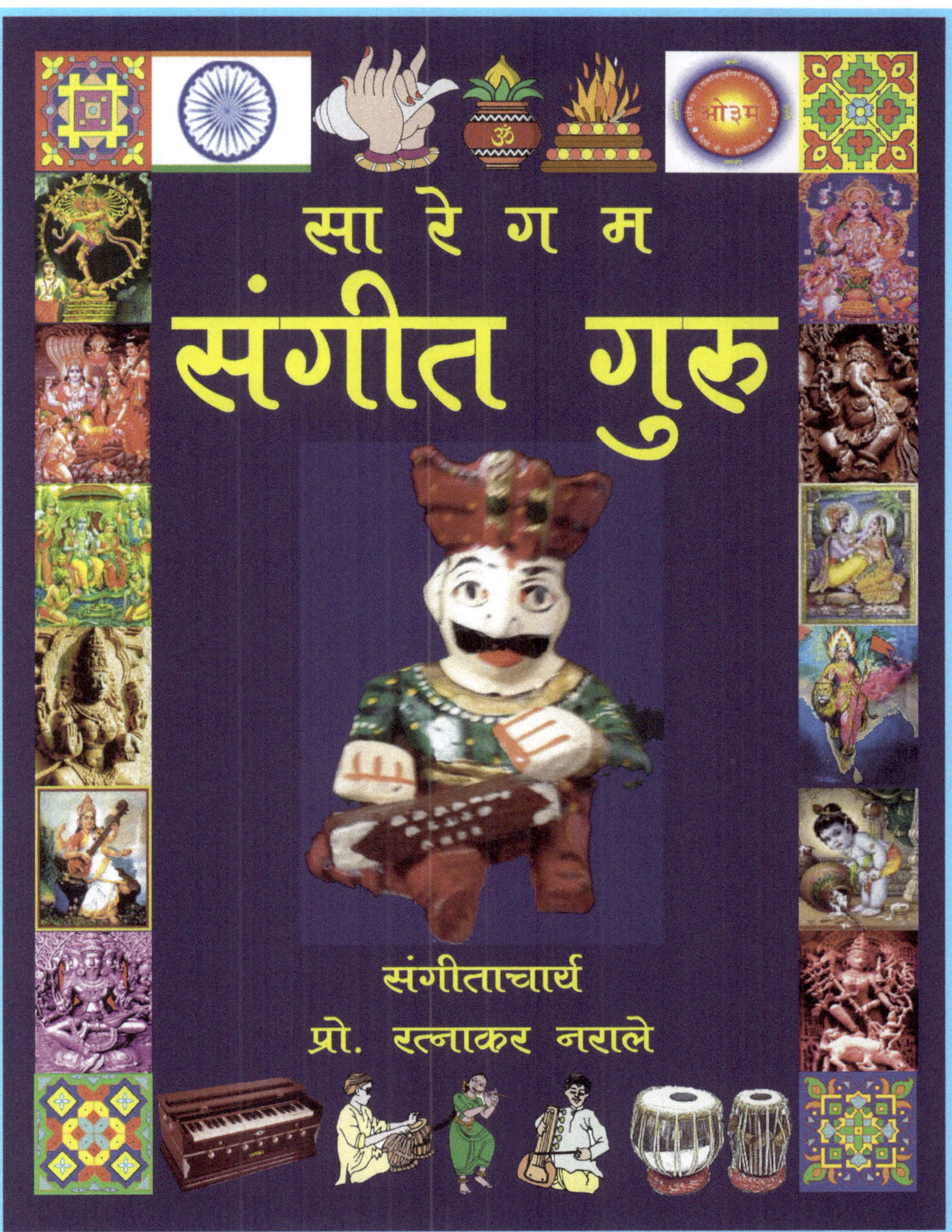
सा रे ग म
संगीत गुरु
संगीताचार्य
प्रो. रत्नाकर नराले

प्रकाशन : मेरे भजन
लेखक : प्रो. रत्नाकर नराले
ISBN : 978-1-989416-20-0
पृष्ठ संख्या : 30
कवर : साफ्ट कवर
प्रकाशक : पुस्तक भारती
संपर्क ई-मेल : pustak.bharati.canada@gmail.com
वेब : www.pustak.bharati.canada.com
उपलब्धि : pustak.bharati.canada@gmail.com

पुस्तक परिचय :

संगीत सिखने और सिखाने के लिये स्वर लीपी सहीत भजनों की पुस्तक. हारमोनियम पर के सुर और तबले के बोल के साथ विभिन्न रागों में विभिन्न तालों पर लिखे हुए भजनों मनोरम पुस्तक.

MERE BHAJAN

Ratnakar

ACADEMY OF INDIAN MUSIC

प्रकाशन : **FLIP-SORTED REVERSE ORDER DICTIONARY**

लेखक : Prof. Ratnakar Narale

ISBN : 978-1-989416-13-6

पृष्ठ संख्या : 250

कवर : साफ्ट कवर

प्रकाशक : पुस्तक भारती

संपर्क ई–मेल : pustak.bharati.canada@gmail.com

वेब : www.pustak.bharati.canada.com

उपलब्धि : pustak.bharati.canada@gmail.com

पुस्तक परिचय :

An Easy Tool for Searching English Words of Desired Word Endings. This valuable resource word search tool, with over 30,000 selected words rearranged and grouped alphabetically based on their spellings in reverse order starting from right to left, provides an easy way for finding specific or rhyming words. This Dictionary is useful for Students, Teachers, Writers, Poets, Crossword Solvers, Special Education Professionals and Communication Disorder Specialists.

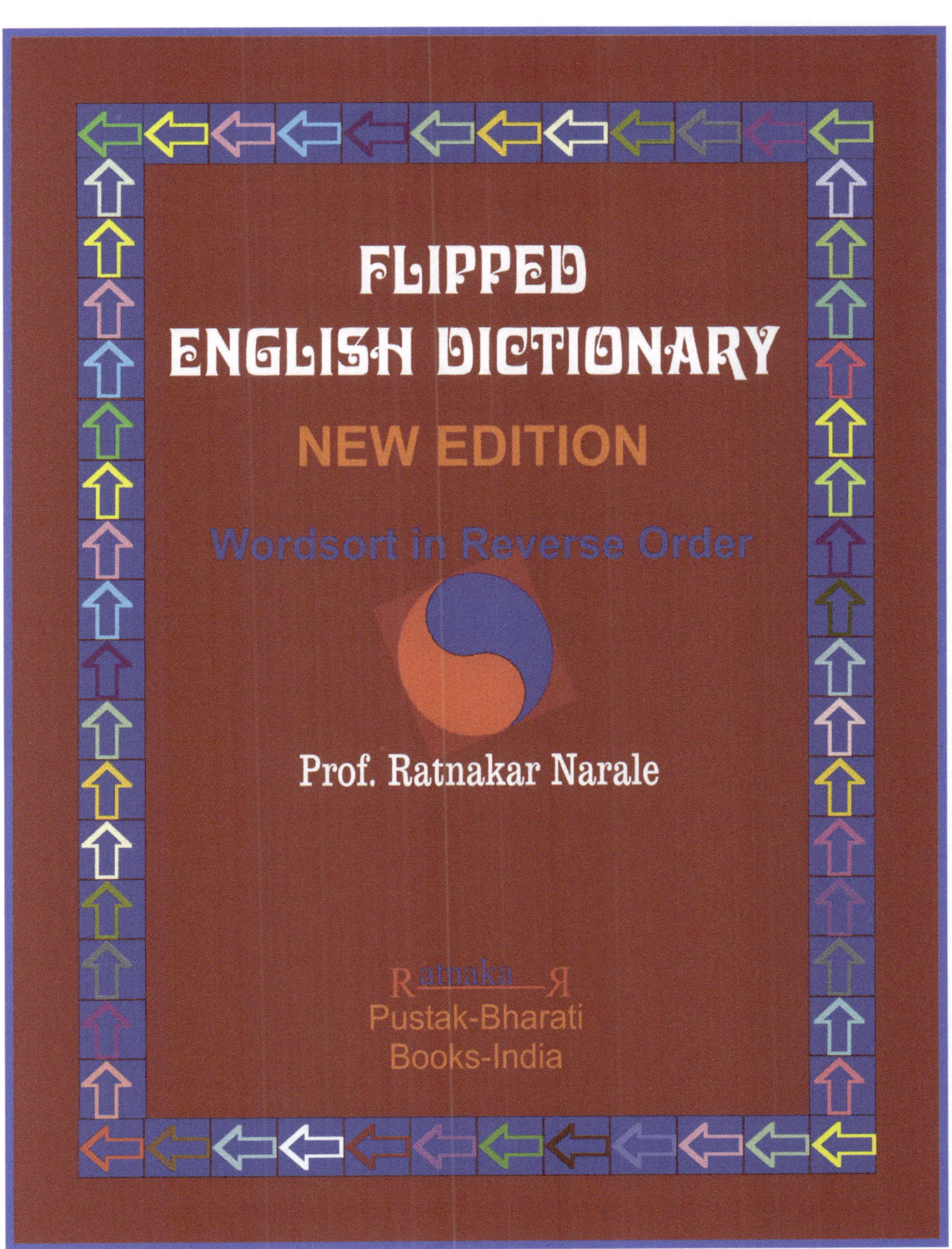
FLIPPED
ENGLISH DICTIONARY
NEW EDITION
Wordsort in Reverse Order
Prof. Ratnakar Narale
Ratnakar
Pustak-Bharati
Books-India

प्रकाशन :	**The Thorough Devanagari Teacher**
लेखक :	प्रो. रत्नाकर नराले
ISBN :	978-1-989416-01-3
पृष्ठ संख्या :	100
कवर :	साफ्ट कवर
प्रकाशक :	पुस्तक भारती
संपर्क ई-मेल :	pustak.bharati.canada@gmail.com
वेब :	www.pustak.bharati.canada.com
उपलब्धि :	pustak.bharati.canada@gmail.com

पुस्तक परिचय :

This Thorough Devanagari Teacher is based on extensive Field Testing and **R&D**, Effective Techniques and Improved Ways beneficial to the Readers to give them success and proper return for their investment of Time and Money. The custom designed and unique presentations given in this book do not exist in any other book.

The Thorough DEVANAGARI TEACHER

Prof. Ratnakar Narale

Ratnakar
Pustak-Bharati
Books-India

Self-Tutor

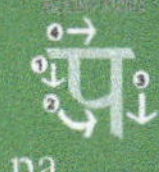

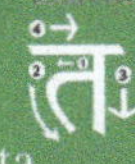

प्रकाशन : **Sanskrit Primer**
लेखक : प्रो. रत्नाकर नराले
ISBN : 978-1-989416-77-8
पृष्ठ संख्या : 200
कवर : साफ्ट कवर
प्रकाशक : पुस्तक भारती
संपर्क ई-मेल : pustak.bharati.canada@gmail.com
वेब : www.pustak.bharati.canada.com
उपलब्धि : pustak.bharati.canada@gmail.com

पुस्तक परिचय :

This new COLOUR CODED and methodical book is based on extensive **R&D**, Effective Techniques and Improved Ways beneficial to the Readers to give them proper reture for their investment of Time and Money. The COLOUR coding makes this book resy to use and effective in results. The book begins with simple primary steps and moves forward with **authentic examples** coupled with **Progressive exercises** suitable to each context to bring home the topic being discussed. The Vocabulary and Illustrations are selected carefully. You will not find such contemplative work in any Sanskrit learning book. It is a treasure of new ideas, techniques, information and reference material. It is rich with **examples**, **exercises** and "**Answers** to all **Exercises**."

SANSKRIT PRIMER

Primary to Intermediate

Prof. Ratnakar Narale

Ratnakar
Pustak-Bharati
Books-India

प्रकाशन :	**Sanskrit Teacher All-in-One**
लेखक :	प्रो. रत्नाकर नराले
ISBN :	978-1-989416-54-9
पृष्ठ संख्या :	**700 pages**
कवर :	हार्ड कवर
प्रकाशक :	पुस्तक भारती
संपर्क ई-मेल :	pustak.bharati.canada@gmail.com
वेब :	www.pustak.bharati.canada.com
उपलब्धि :	pustak.bharati.canada@gmail.com

पुस्तक परिचय :

37 Chapters + 10 Appendices. This unique book is *Transliterated* in addition to the Sanskrit Script for the English readers. This giant 700+ page All-in-One book (37 Chapters + 10 large Appendices) is for all levels of Sanskrit Self Learning. It is a fine Sanskrit Tutor as well as a Complete Reference Manual for a novice as well as an expert. The book begins with basic Sanskrit Alphabet and progresses step-by-step to encompass every aspect of Sanskrit Grammar and its usage that one will not find in any other book. It even has some rare topics that one may not find elsewhere. It is a treasure of new ideas, techniques, information and reference material. The material at every stage is cumulatively reviewed under a novel entry called, '**what we have learned so far**.' This **cumulative learning** is one of the beautiful aspects of this book. It is rich with examples, exercises and an important chapter of "**Answers** to all the Exercises."

SANSKRIT TEACHER
All-in-One
With transliteration
For All Levels
HARD COVER
ALL IN ONE A-Z+
Prof. Ratnakar Narale
Pustak-Bharati
Books-India

प्रकाशन : **Sanskrit Grammar and Reference Book**

लेखक : प्रो. रत्नाकर नराले

ISBN : 978-1-989416-68-6

पृष्ठ संख्या : **700 pages**

कवर : हार्ड कवर

प्रकाशक : पुस्तक भारती

संपर्क ई–मेल : pustak.bharati.canada@gmail.com

वेब : www.pustak.bharati.canada.com

उपलब्धि : pustak.bharati.canada@gmail.com

पुस्तक परिचय :

Sanskrit Grammar and Reference Book by Prof. Ratnakar Narale is an ocean of essential information, in English *Transliteration* as well as in Sanskrit Devanagari script. This All-in-One manual includes complete Sanskrit Grammar and comprehensive Sanskrit Reference Book for all levels of learning. It has unique Charts, Flowcharts, Golden Rules, Dictionaries of Nouns, Adverbs, Verb Roots, Conjugations of every Sanskrit verb, Case Inflections all possible noun types, and every element of grammar you would ever need to know, but may not find elsewhere. It has all Chhand-Sutras of Pingala, Yoga-Sutras of Patanjali, and much more. A must for Sanskrit students, this book is one of its kind, worth its weight in gold. The question is not, "can you afford to buy it," the question is "can you afford not to buy this priceless book?"

SANSKRIT GRAMMAR
AND
REFERENCE BOOK
With transliteration
The Sanskrit Black Book
HARD COVER
For All Levels
ALL IN ONE A-Z
Prof. Ratnakar Narale
Ratnakar
Pustak-Bharati
Books-India

प्रकाशन : **Hindi Teacher for Hindu Children**
लेखक : प्रो. रत्नाकर नराले
ISBN : 978-1-989416-75-4
पृष्ठ संख्या : 300
कवर : सार्फ्ट कवर
प्रकाशक : पुस्तक भारती
संपर्क ई-मेल : pustak.bharati.canada@gmail.com
वेब : www.pustak.bharati.canada.com
उपलब्धि : pustak.bharati.canada@gmail.com

पुस्तक परिचय :

Endorsed by great men, this book is methodically **Colour** Coded and incorporated with a **Students English-Hindi Transliterated Dictionary.** Language is the path way to the culture. Children are our precious wealth and our future. They need to be taught our lofty Hindu Values in a fun filled manner. While teaching the Hindi language, our children must be enlightened in the glorious **Hindu Dharma**, our beloved **India**, its holy **Rivers** and great **Mountains**, the interesting Indian **Flora and Fauna**, the glorious **Hindu History**, the righteous **Hindu Ethics**, the sacred **Hindu Scriptures**, the holy **Hindu Gods**, the noble **Hindu Forefathers**, the illustrious **Hindu Heroes**, the venerable **Hindu Saints**, the blissful **Hindu Prayers**, the grand **Hindu Festivals**, the peaceful **Hindu People**, the divine **Hindu Worship**, the celestial **Hindu Temples**, the classical **Hindu music**, the towering **Hindu Discoveries** in Science and Arts, the unique **Hindu Philosophies** of Yoga, Vegetarianism, Non-violence, and Universal brotherhood (वसुधैव कुटुम्बकम्). Every Hindu child, learning Hindi language, must **also** be taught Hindu Sanskriti, Deva-Vani Sanskrit and the immortal Sanskrit shlokas. This the sincere Dharmic Objective of this book.

This book is based on extensive Field Testing and **R&D**, Effective Techniques and Improved Ways beneficial to the Readers to give them success and proper return for their investment of Time and Money. The intelligent colour coding makes this book easy to use and effective in results. This fully illustrated.

अ a
आ ā
इ i
ई ī
उ u
ऊ ū
ऋ ṛ
ए e
ऐ ai
ओ o
औ au
HINDI
TEACHER
FOR
HINDU
CHILDREN
Prof. Ratnakar Narale
Sunita Narale
Ratnakar
Pustak-Bharati
Books-India

प्रकाशन : **Learn Hindi Through English Medium**

लेखक : प्रो. रत्नाकर नराले

ISBN : 978-1-989416-60-0

पृष्ठ संख्या : 200

कवर : साफ्ट कवर

प्रकाशक : पुस्तक भारती

संपर्क ई-मेल : pustak.bharati.canada@gmail.com

वेब : www.pustak.bharati.canada.com

उपलब्धि : pustak.bharati.canada@gmail.com

पुस्तक परिचय :

This methodical book is based on extensive **R&D**, Effective Techniques and Improved Ways beneficial to the Readers to give them proper return for their investment of Time and Money. The book begins with simple primary steps and moves forward with **authentic examples** coupled with **Progressive Exercises** suitable to each context to bring home the topic being discussed. The Vocabulary and Illustrations are selected carefully to offer a window to the topics, as used in Real Life Situations. You will not find such contemplative work in any Hindi learning book.

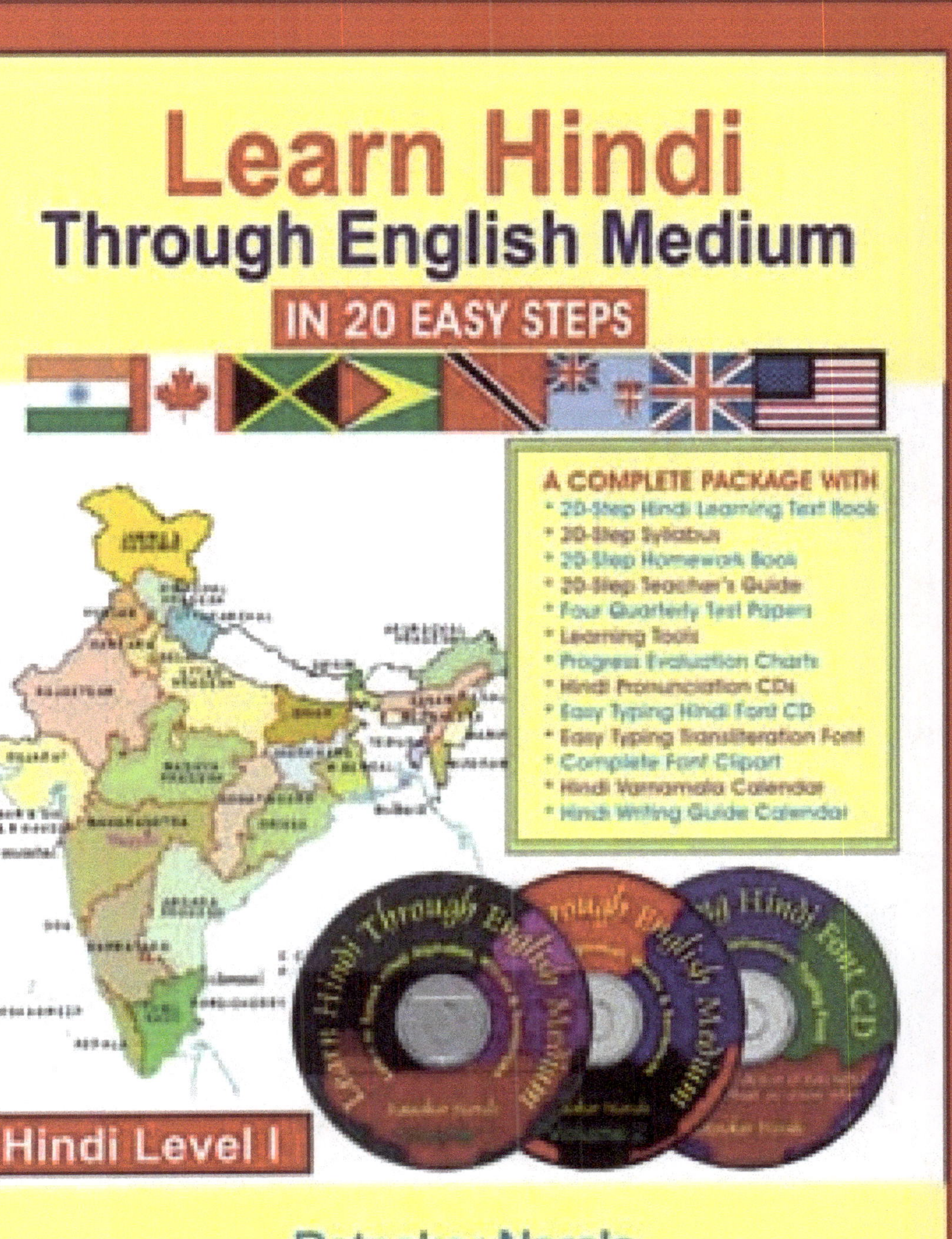
Learn Hindi
Through English Medium
IN 20 EASY STEPS
A COMPLETE PACKAGE WITH
* 20-Step Hindi Learning Text Book
* 20-Step Syllabus
* 20-Step Homework Book
* 20-Step Teacher's Guide
* Four Quarterly Test Papers
* Learning Tools
* Progress Evaluation Charts
* Hindi Pronunciation CDs
* Easy Typing Hindi Font CD
* Easy Typing Transliteration Font
* Complete Font Clipart
* Hindi Varnamala Calendar
* Hindi Writing Guide Calendar
Learn Hindi Through English Medium
Hindi Level I
Ratnakar Narale

प्रकाशन : **Learn Hindi Through English Medium,** Advanced Level
लेखक : प्रो. रत्नाकर नराले
ISBN : 978-1-989416-61-7
पृष्ठ संख्या : 240
कवर : साफ्ट कवर
प्रकाशक : पुस्तक भारती
संपर्क ई-मेल : pustak.bharati.canada@gmail.com
वेब : www.pustak.bharati.canada.com
उपलब्धि : pustak.bharati.canada@gmail.com

पुस्तक परिचय :

This is advanced level Hindi Learning Book for those who have a basic knowledge of Hindi. This book begins with review of the book I and moves ahead with **Progressive Lessons and Exercises.** It gives you a comprehensive introduction to Hindi music and the Hindi writers and literature from the ancient to the modern times. It also includes a fully **transliterated** Students Hindi English Dictionary.

HINDI TEACHER
for
English Speaking People,
ADVANCED LEVEL
With Transliteration & Devanagari
New
Prof. Ratnakar Narale
Ratnakar
Pustak-Bharati
Books-India

प्रकाशन : **Tamil Teacher**
लेखक : प्रो. रत्नाकर नराले
ISBN : 978-1-989416-61-7
पृष्ठ संख्या : 240
कवर : साफ्ट कवर
प्रकाशक : पुस्तक भारती
संपर्क ई-मेल : pustak.bharati.canada@gmail.com
वेब : www.pustak.bharati.canada.com
उपलब्धि : pustak.bharati.canada@gmail.com

पुस्तक परिचय :

Teach or Learn to 'Make Your Own Sentences' and then Speak Tamil. **Primary to Intermediate, With thisnovel scientific method.** Tamil Teacher is a step-by-step progressive approach with cumulative learning from the basic alphabet to making your own Tamil sentences comfortably. It walks you carefully holding your finger. It is fully English transliterated for your help. It is also coupled with Devanagari script for those who know Hindi or Sanskrit. It has nice diagrams, colourful Chart of Alphabet, valuable Tables, Answers to all Exercises and Examples, Transliterated Students Dictionary of vocabulary, important Notes at the beginning of each chapter and at each step, and much more. Uniquely, in this book you will learn the interrelation between Tamil and Sanskrit. The custom designed unique content presented in this book does not exist in any other book.

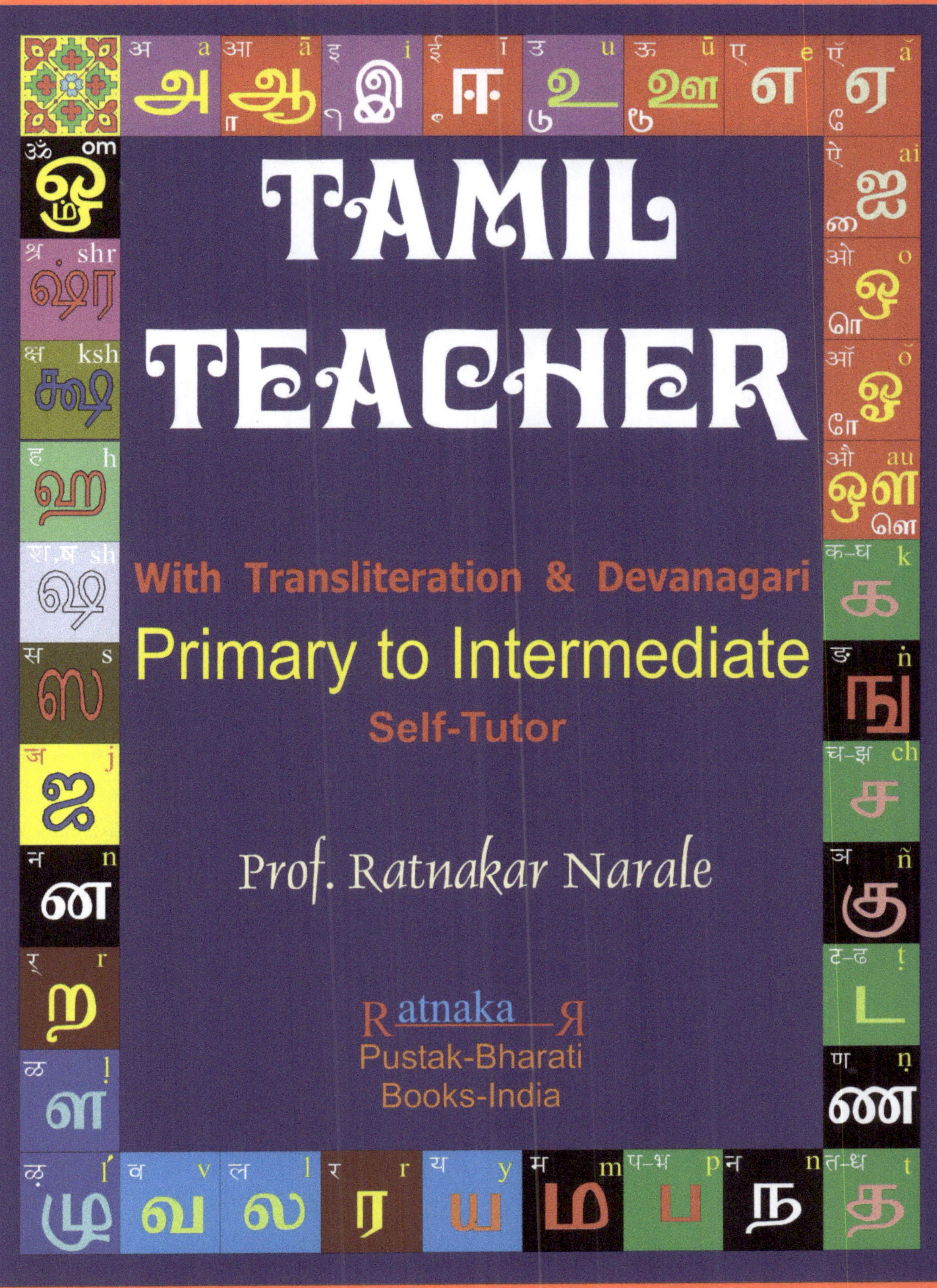
TAMIL TEACHER
With Transliteration & Devanagari
Primary to Intermediate
Self-Tutor
Prof. Ratnakar Narale
Ratnakar
Pustak-Bharati
Books-India

प्रकाशन : **Urdu Teacher**
लेखक : प्रो. रत्नाकर नराले
ISBN : 978-1-989416-66-2
पृष्ठ संख्या : 200
कवर : साफ्ट कवर
प्रकाशक : पुस्तक भारती
संपर्क ई-मेल : pustak.bharati.canada@gmail.com
वेब : www.pustak.bharati.canada.com
उपलब्धि : pustak.bharati.canada@gmail.com

पुस्तक परिचय :

Welcome! Urdu Teacher is a unique work founded on serious R&D. With Field Tests it was concluded that a Urdu Book must clearly and comparatively demonstrate the **Four Distinct Positions** of each of the **39** Urdu Character, in order to be a successful Urdu Teacher. Therefore, the first 39 chapters, along with their comparative charts, of this book are intelligently devoted for this vital aspect.

It is a step-by-step systematic approach with cumulative learning from the basic alphabet to **making your own Urdu sentences comfortably**. It walks you carefully holding your finger. It is fully English transliterated for your help. It is also coupled with Devanagari script for those who understand India's National Language Hindi. It has nice diagrams, **colourful** Chart of Alphabet, valuable Tables, **Answers to all Exercises and Examples**, **Transliterated Students' Dictionary** of vocabulary, important Notes at the beginning of each chapter and at each step, and much more. It is second to none!

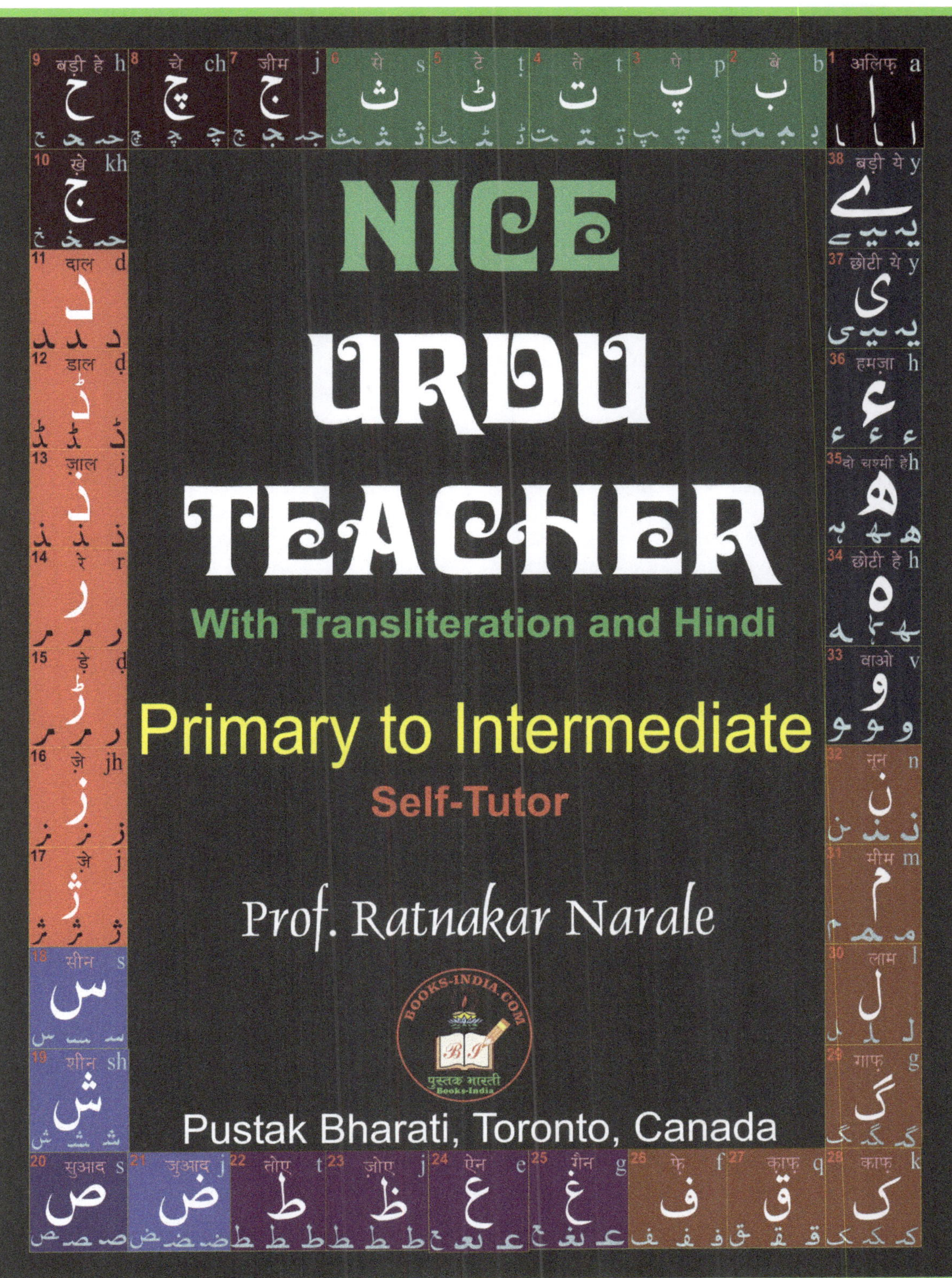
NICE
URDU
TEACHER
With Transliteration and Hindi
Primary to Intermediate
Self-Tutor
Prof. Ratnakar Narale
Pustak Bharati, Toronto, Canada

प्रकाशन : Gurumukhi Teacher
लेखक : प्रो. रत्नाकर नराले
ISBN : 978-1-989416-76-1
पृष्ठ संख्या : 120
कवर : साफ्ट कवर
प्रकाशक : पुस्तक भारती
संपर्क ई-मेल : pustak.bharati.canada@gmail.com
वेब : www.pustak.bharati.canada.com
उपलब्धि : pustak.bharati.canada@gmail.com

पुस्तक परिचय :

This methodical Colour Coded and nicely illustrated book is based on extensive R&D, Effective Techniques and Improved Ways beneficial to the Readers to give them proper return for their investment of Time and Money. The Vocabulary and Illustrations are selected carefully to offer a window to the topics. The Colour coding make this book effective in results and easy for use. You will not find such contemplative and innovative work in any Punjabi-Gurumukhi learning book. This book is designed to learn **GURUMUKHI**, but you will learn **Punjabi** too.

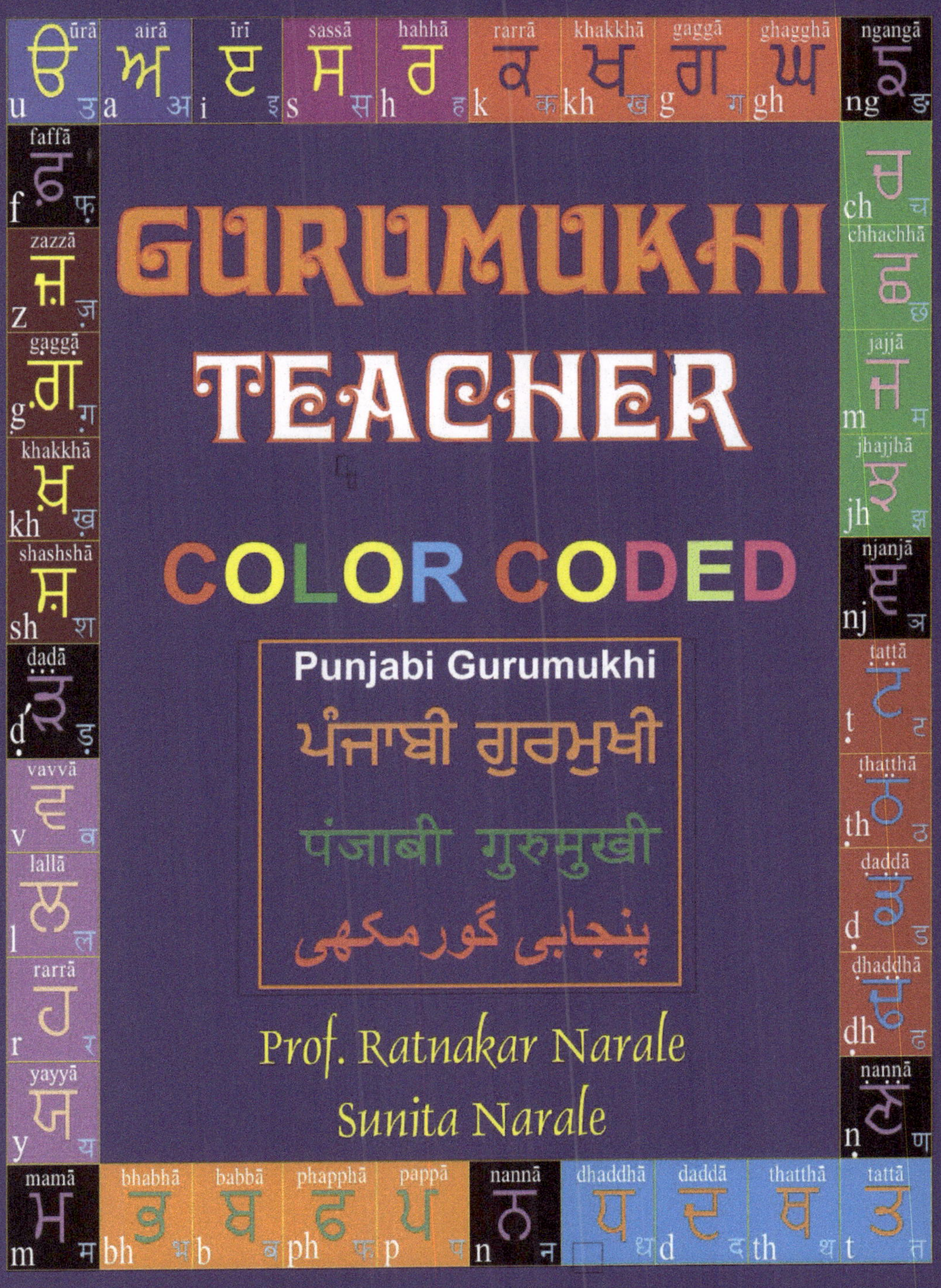
GURUMUKHI
TEACHER
COLOR CODED
Punjabi Gurumukhi
ਪੰਜਾਬੀ ਗੁਰਮੁਖੀ
पंजाबी गुरुमुखी
پنجابی گورمکھی
Prof. Ratnakar Narale
Sunita Narale

प्रकाशन : **Bengali Teacher**

लेखक : प्रो. रत्नाकर नराले

ISBN : 978-1-989416-74-2

पृष्ठ संख्या : 150

कवर : साफ्ट कवर

प्रकाशक : पुस्तक भारती

संपर्क ई-मेल : pustak.bharati.canada@gmail.com

वेब : www.pustak.bharati.canada.com

उपलब्धि : pustak.bharati.canada@gmail.com

पुस्तक परिचय :

Teach or Learn to 'Make Your Own Sentences' and then Speak Bengali. **Primary to Intermediate, With thisnovel scientific method.** Bengali Teacher is a step-by-step progressive approach with cumulative learning from the basic alphabet to making your own Bengali sentences comfortably. It walks you carefully holding your finger. It is fully English transliterated for your help. It is also coupled with Devanagari script for those who know Hindi or Sanskrit. It has nice diagrams, colourful Chart of Alphabet, valuable Tables, Answers to all Exercises and Examples, Transliterated Students Dictionary of vocabulary, important Notes at the beginning of each chapter and at each step, and much more. The custom designed unique content presented in this book does not exist in any other book

.

.

Learn Bengali
Through English / Hindi

With Transliteration & Devanagari

Ratnakar Narale

Self-Tutor

प्रकाशन : **Marathi Teacher**
लेखक : प्रो. रत्नाकर नराले
ISBN : 978-1-989416-69-6
पृष्ठ संख्या : 150
कवर : साफ्ट कवर
प्रकाशक : पुस्तक भारती
संपर्क ई-मेल : pustak.bharati.canada@gmail.com
वेब : www.pustak.bharati.canada.com
उपलब्धि : pustak.bharati.canada@gmail.com

पुस्तक परिचय :

Teach or Learn to 'Make Your Own Sentences' and then Speak Marathi. **Primary to Intermediate, With thisnovel scientific method.** Marathi Teacher is a step-by-step progressive approach with cumulative learning from the basic alphabet to making your own Marathi sentences comfortably. It walks you carefully holding your finger. It is fully English transliterated for your help. It is also coupled with Devanagari script for those who know Hindi or Sanskrit. It has nice diagrams, colourful Chart of Alphabet, valuable Tables, Answers to all Exercises and Examples, Transliterated Students Dictionary of vocabulary, important Notes at the beginning of each chapter and at each step, and much more.

Learn Marathi

Through English / Hindi

With Transliteration & Devanagari

www.ingramcontent.com/pod-product-compliance
Lightning Source LLC
Chambersburg PA
CBHW042105160726
48295CB00017B/995

* 9 7 8 1 9 8 9 4 1 6 5 7 0 *